Pe. JOSÉ BORTOLINI

Profetas

Isaías | Jeremias | Ezequiel | Daniel | Lamentações
Amós | Baruc | Oseias | Joel | Sofonias | Miqueias | Naum
Habacuc | Ageu | Zacarias | Abdias | Malaquias

EDITORA
SANTUÁRIO

DIREÇÃO EDITORIAL:
Pe. Fábio Evaristo R. Silva, C.Ss.R.

CONSELHO EDITORIAL:
Ferdinando Mancilio, C.Ss.R.
Marlos Aurélio, C.Ss.R.
Mauro Vilela, C.Ss.R.
Ronaldo S. de Pádua, C.Ss.R.
Victor Hugo Lapenta, C.Ss.R.

COORDENAÇÃO EDITORIAL:
Ana Lúcia de Castro Leite

COPIDESQUE:
Luana Galvão

REVISÃO:
Bruna Vieira da Silva

DIAGRAMAÇÃO E CAPA:
Bruno Olivoto

Dados Internacionais de Catalogação na Publicação (CIP)
(Câmara Brasileira do Livro, SP, Brasil)

Bortolini, José
　　Profetas: Isaías, Jeremias, Ezequiel, Daniel, Lamentações, Amós, Baruc, Oseias, Joel, Sofonias, Miqueias, Naum, Habacuc, Ageu, Zacarias, Abdias, Malaquias / José Bortolini. - Aparecida, SP: Editora Santuário, 2018. - (Coleção Conheça a Bíblia: estudo popular)

　　ISBN 978-85-369-0549-5

　　1. Bíblia. A.T. Profetas - Crítica e interpretação 2. Profetas I. Título. II. Série.

18-17772   CDD-224

Índices para catálogo sistemático:
1. Profetas: Antigo Testamento 224
Cibele Maria Dias - Bibliotecária - CRB-8/9427

3ª impressão

Todos os direitos reservados à **EDITORA SANTUÁRIO** – 2024

Rua Pe. Claro Monteiro, 342 – 12570-045 – Aparecida-SP
Tel.: 12 3104-2000 – Televendas: 0800 - 0 16 00 04
www.editorasantuario.com.br
vendas@editorasantuario.com.br

A coleção: "Conheça a Bíblia. Estudo Popular"

Tentar popularizar o estudo da Bíblia Sagrada parece tarefa fácil, mas não é. De certa forma, é como caminhar na contramão da exegese, pois o estudioso de Bíblia, normalmente, é levado a sofisticar o estudo e a pesquisa. Há inclusive quem diga que o estudo popular da Bíblia não é coisa séria. Todavia, visto que a Bíblia é patrimônio do povo e não dos especialistas, cabe aos letrados desgastar-se para tornar esse livro acessível aos simples, ou seja, aos que não tiveram e nunca terão oportunidade de conhecer a fundo as ciências bíblicas.

Ocorre-me, a esse respeito, uma velha comparação: a do tatu e o joão-de-barro. Exegese significa "tirar para fora", "extrair". É mais ou menos aquilo que faz o tatu: ao cavar uma toca, "tira para fora" boa quantidade de terra, mas não sabe o que fazer com ela, pois seu objetivo é viver no fundo do buraco. O joão-de-barro, ao contrário, recolhe essa terra e com ela constrói a própria casa. Algo semelhante acontece no campo dos estudos bíblicos: os exegetas "tiram para fora" inúmeras informações a respeito de determinado livro da Bíblia. Mas a tentação é pensar que sua tarefa se esgotou aí. Os simples, ao contrário, aproveitam-se dessas informações e fazem a própria caminhada de fé e de conhecimento da Palavra de Deus.

É isso o que se busca com a presente coleção "Conheça a Bíblia. Estudo pouplar". Oxalá o esforço do especialista em popularizar a Palavra de Deus, associado à fome e sede dessa mesma Palavra por parte dos simples, provoque novamente a exclamação de Jesus: "Pai celeste, eu te louvo porque... revelaste essas coisas aos pequeninos" (Mt 11,25).

Apresentação

A coleção "Conheça a Bíblia. Estudo popular" foi pensada visando popularizar o estudo da Sagrada Escritura, a fim de que mais pessoas possam ter acesso a toda a riqueza que existe em cada uma das páginas que compõem a Bíblia.

Este terceiro volume é dedicado ao conjunto de livros conhecido como "Profetas", bloco muito significativo do Antigo Testamento.

O termo profeta é uma tradução grega da palavra hebraica NABI, que significa "aquele que anuncia", "aquele que é porta-voz". Dentro da concepção religiosa judaica, que depois também foi incorporada ao Cristianismo, os profetas são pessoas escolhidas por Deus para a missão de falar ao povo em seu nome.

O movimento profético em Israel teve várias fases: começou no período tribal, perpassou a monarquia, em que alcançou seu auge, esteve presente também no período do exílio e teve seu declínio no período pós-exílico.

A tradição judaica apresenta dois tipos de profetas. Os profetas não escritores ou orais são os que não possuem registros escritos exclusivamente dedicados a sua profecia, mas são lembrados principalmente na história deuteronomista. Podemos citar, desse período, os profetas: Samuel, Natã, Elias e Eliseu. Já os "profetas escritores" são aqueles que possuem registros exclusivos sobre sua profecia; e é exatamente desses profetas escritores que este terceiro livro da coleção trata.

Profetas

Os profetas escritores se dividem em dois grupos: os profetas maiores e os profetas menores. Os profetas maiores são quatro: Isaías, Jeremias, Ezequiel e Daniel. Eles são chamados de profetas maiores pela extensão de seus escritos. Nesse conjunto, alguns exegetas incluem o livro das Lamentações. Os doze profetas menores, Amós, Baruc, Oseias, Joel, Sofonias, Miqueias, Naum, Habacuc, Ageu, Zacarias, Abdias e Malaquias, como o próprio nome diz, possuem pequenos escritos quando comparados aos profetas maiores. O conjunto dos livros dos profetas constitui parte essencial para compreendermos todo o Antigo Testamento, já que o movimento profético perpassa praticamente toda a história do povo de Deus. Também serve para compreendermos o Novo Testamento, uma vez que Jesus, em sua pregação, faz muitas referências aos profetas e utiliza muitos termos presentes nos livros proféticos, tais como: bom pastor, servo, filho do homem, entre outros.

Algumas orientações úteis para o leitor:
- As passagens bíblicas, presentes no livro, pertencem à Bíblia de Jerusalém, Bíblia Pastoral e, por vezes, são traduções diretas do próprio autor. Dependendo da Bíblia que o leitor estiver utilizando, os textos podem ser diferentes. Quando isso acontecer, o leitor deve procurar entender o sentido do texto e não apenas as palavras nele presentes.
- As respostas de alguns exercícios encontram-se abaixo deles, e a ordem das respostas está colocada conforme o exercício proposto.
- Tenha sempre à mão um caderno de anotação, no qual você poderá escrever suas principais conclusões sobre o que foi estudado.

Boa leitura!

1
O livro de Isaías

I. ANTES DE ABRIR O LIVRO

1. A época de Isaías

No começo de seu livro (1,1), encontramos a seguinte informação acerca da época desse profeta: sua atividade aconteceu no tempo destes quatro reis de Judá: Ozias (781-740), Joatão (740-736), Acaz (736-716) e Ezequias (716-687). Portanto, ele deve ter sido contemporâneo do profeta Miqueias, pouco depois dos profetas Amós e Oseias. O nascimento de Isaías deve ser situado por volta de 765, e sua vocação, narrada no início do capítulo seis, aconteceu em 740, "ano em que morreu o rei Ozias" (6,1). Após o ano 700, não se fala mais dele. Uma antiga tradição afirma que sofreu o martírio (seu corpo teria sido serrado) no reinado de Manassés (687-642).

> **As datas no Antigo Testamento**
> Você deve ter notado que as datas do Antigo Testamento são apresentadas em forma decrescente. Isso se deve ao seguinte fato: um monge armênio chamado Dionísio, o Pequeno – que viveu em Roma entre os anos 500 e 545 da nossa era –, foi encarregado de datar a história a partir do nascimento de Jesus (ano 1). Antes disso, o ponto de partida era – para o Ocidente – a fundação de Roma. A partir do nascimento de Jesus, portanto, os acontecimentos anteriores foram datados

em ordem decrescente, e os posteriores, em ordem crescente. O calendário judaico começa a 7 de outubro do ano 3760 antes de Cristo, que para os judeus é a data da criação do mundo. O ano 2010 corresponde ao ano 5761 dos judeus.

No cenário internacional, temos o surgimento e fortalecimento do Império Assírio, o novo dono do mundo. Ele é o responsável pela destruição de Samaria, a capital do Norte, e o consequente fim do Reino de Israel (ano 722). O Reino do Sul, também chamado de Judá, começa a vacilar diante desse Império. De fato, Senaquerib, general assírio, destrói as cidades da Planície (chamada Sefelá) e, no ano 701, cerca Jerusalém (2 Reis 18,13 e seguintes). Por enquanto, Jerusalém, a capital, defende-se e resiste (veja Salmo 46).

O povo de Deus e os grandes impérios

Quase todo o período que cobre o Antigo Testamento é marcado pela presença e dominação de grandes e poderosos impérios. O povo de Deus quase sempre se encontra em um fogo cruzado entre o Egito e as grandes potências da Mesopotâmia (atual região do Iraque): Império Assírio (cerca de 824 a 612); Império Babilônico (de 612 a 538 aproximadamente); Império Persa (por volta de 538 a 333); Império Grego (de 333 a 64); Império Romano (de 64 antes de Jesus nascer a 135 depois de Cristo). A Bíblia foi se formando dentro desse "caldeirão" de lutas pela liberdade e vida.

2. Isaías, profeta do palácio?

A maioria dos profetas eram pessoas do interior, normalmente ligadas aos camponeses, sendo seus representantes. Por exemplo: Amós era de Técua, Miqueias era natural de Morasti-Gat, Jeremias de Anatot, e assim por diante. Sendo pessoas ligadas ao campo, tinham consciência aguda do sofrimento do povo da roça e dos desmandos dos ricos e poderosos das grandes cidades.

Costuma-se, então, dizer que os profetas eram quase todos "periféricos", isto é, ligados àquilo que hoje chamamos de "periferias". Foi, sobretudo, graças aos camponeses que a memória das palavras dos profetas foi conservada.

Isaías, porém, parece não ser profeta "periférico". Nós o encontramos frequentemente no palácio dos reis de Judá. Acontece que os palácios reais eram habitados por aqueles que costumamos chamar de "falsos profetas". Trata-se de uma assessoria que bajula e profetiza sempre a favor dos interesses da corte. É o que você pode ver, abundantemente, em 1 Reis 22 e também na história de Jeremias (capítulo 27).

Apesar de não ser "periférico", Isaías não se deixou corromper nem comprar, fazendo as vontades dos reis de Judá, como veremos mais adiante.

3. O mais importante profeta

Isaías é considerado o mais importante profeta do Antigo Testamento. Juntamente com o livro dos Salmos e o livro do Deuteronômio, é o mais citado no Novo Testamento. No calendário litúrgico dos católicos, marca presença constante no Tempo do Advento, bem como em outras ocasiões.

É o profeta mais importante do pensamento messiânico. Seus textos foram lidos e relidos em chave de expectativa na vinda do Messias.

Sua vocação é narrada no início do capítulo seis e acontece no Templo de Jerusalém, durante solene celebração. A celebração consta, provavelmente, do canto do Salmo 99, que proclama a santidade de Deus. Esse tema permeia todo o livro desse profeta. Ele próprio, como que arrebatado em êxtase, reconhece a própria insignificância e condição pecadora diante da santidade de Deus.

Seu chamado segue o esquema dos grandes vocacionados da Bíblia: Moisés, Jeremias e outros. O esquema tem os seguintes pontos: **1.** Visão transcendente (teofania, isto é, manifestação de Deus). **2.** Reação de fraqueza por parte do profeta. **3.** Incentivo a não temer. **4.** Confirmação da missão.

Detalhe significativo: o profeta vê o Senhor sentado em um trono alto e elevado, e a cauda de sua veste enche o santuário. Isso significa que Deus não cabe em uma construção material. Basta a barra de seu manto para encher o Templo. A santidade de Deus, portanto, é algo que não se consegue abarcar nem medir. É uma santidade que não dispensa a cooperação do ser humano. Daí a vocação profética.

4. Três em um

Isaías não escrevia suas palavras proféticas. Elas permaneceram gravadas na memória das pessoas. Depois de sua morte, sua pregação oral transformou-se em texto escrito, e muitas coisas foram acrescentadas, dada a importância desse profeta na vida do povo.

Chegou-se, assim, à forma atual do livro de Isaías, o mais extenso de todos os profetas (66 capítulos). Os estudiosos detectaram muitos acréscimos, a ponto de existirem três grandes conjuntos de capítulos nascidos em épocas diferentes.

De modo geral, costuma-se dividir o livro em três partes: os capítulos de 1 a 39 são atribuídos ao profeta, também chamado de "Primeiro Isaías". Os capítulos de 40 a 55 pertencem a um profeta anônimo, que recebe o nome de "Segundo Isaías". Os capítulos de 56 a 66 são de outro profeta anônimo, normalmente intitulado "Terceiro Isaías". As épocas de cada um também variam. O Primeiro Isaías é anterior ao exílio na Babilônia (no tempo dos reis de Judá citados no início do livro). O Segundo Isaías é um profeta do tempo do cativeiro na Babilônia (entre 586 e 538). O Terceiro Isaías é posterior ao desterro, portanto, posterior a 538.

O lugar de atuação de cada um é o seguinte: Jerusalém para o Primeiro Isaías; Babilônia para o Segundo; Jerusalém para o Terceiro. Memorize, a seguir, fazendo conexões:

Capítulos	Como é chamado	Época de atuação	Lugar de atuação
1 a 39	Primeiro Isaías	Antes do exílio	Jerusalém
40 a 55	Segundo Isaías	Durante o exílio	Babilônia
56 a 66	Terceiro Isaías	Depois do exílio	Jerusalém

As coisas, porém, não são tão simples. Em cada uma das três partes, há acréscimos posteriores. Não é fácil descobrir as autênticas palavras do profeta Isaías. Se por um lado isso provoca certa perplexidade, por outro revela a importância desse profeta na vida do povo de Deus. Muitos quiseram pegar carona do profeta Isaías, e seu livro chegou a nós carregado de contribuições anônimas.

Na segunda parte deste breve estudo, limitamo-nos àquilo que os especialistas afirmam ser textos que caracterizam cada uma das épocas com seus respectivos autores. Chamaremos o Primeiro Isaías, simplesmente, de Isaías; o Segundo, de Isaías Júnior; o Terceiro, de Isaías Neto.

II. OLHANDO DE PERTO O LIVRO

1. Isaías 1-39

Os especialistas no assunto detectaram em Isaías de 1 a 39 quatro períodos distintos, além dos acréscimos, como já vimos.

Primeiro período: do momento em que Deus o chamou até a posse do rei Acaz (736-716). É um tempo ambíguo para o Reino do Sul, pois alia prosperidade com corrupção. São dessa época os capítulos de 1 a 5. O livro se abre com longa acusação, e os céus e a terra são convocados a escutar, pois Javé está falando e acusando seu povo de rebeldia, afirmando que Israel é mais burro que os burros; é uma nação pecadora, um povo cheio de injustiças, uma raça de malfeitores e de filhos pervertidos.

Javé queixa-se contra a hipocrisia, chamando a cidade de Jerusalém de Sodoma e comparando o povo aos habitantes de

Gomorra. O assunto em questão é a religião desligada da ética, ou seja, da prática da justiça. As festas e os sacrifícios oferecidos são um fardo pesado, e Deus está cansado de carregá-lo. Sodoma e Gomorra foram cidades destruídas por falta de solidariedade e de acolhida. Deus quer isto: "Parem de praticar o mal, aprendam a fazer o bem. Procurem o direito, corrijam o opressor, façam justiça ao órfão e defendam a causa da viúva" (1,16-17). Órfãos e viúvas, juntamente com os estrangeiros, eram os grupos mais desprotegidos no tempo do Antigo Testamento. O profeta insinua que a verdadeira religião se traduz em solidariedade e justiça.

A lamentação sobre Jerusalém inicia-se em 1,21. A cidade é acusada de prostituição, linguagem simbólica que representa a infidelidade da cidade-esposa de Javé. No começo do capítulo três, há uma espécie de sentença contra a cidade-esposa infiel: ela vai perder o apoio de Javé-esposo, tornando-se centro de anarquia. O profeta antevê uma intervenção estrangeira no país.

O que você faria?
No começo do capítulo 5, encontra-se o poema da vinha. A parreira é talvez o mais importante símbolo de Israel. Muitos profetas recorreram a esse símbolo: Oseias (10,1), Jeremias (2,21; 5,10; 6,9; 12,10) e Ezequiel (15,1-8; 17,3-10; 19,10-14).

O poema de Isaías é uma "pegadinha", pois supõe a presença de ouvintes que, no fim, vestem a carapuça. Isaías fala em nome de um amigo (Javé) que possuía uma vinha em um terreno apropriado. Antes de plantá-la, arou a terra, tirou as pedras, escolheu mudas de qualidade, construiu uma torre de vigia e deixou preparado o tanque para espremer as uvas. Fez tudo o que podia fazer, mas a vinha fez tudo o que não devia fazer: em vez de produzir uvas de qualidade, produziu uvas azedas.

Os ouvintes são chamados a se pronunciar. Sem dúvida alguma, concordam com a decisão do patrão: destruir a cerca para ser invadida; deixar crescer o mato e os espinheiros para sufocarem-na; não a podar mais, para ela perder seu vigor; não afofar a terra, para se tornar terreno batido; não receber mais água da chuva...

Pois bem, conclui o profeta, a vinha de Javé é o povo de Israel, a plantação preciosa dele é o povo de Judá: esperava que produzissem o direito, mas produziram transgressão; esperava frutos de justiça, mas só se ouviram gritos de desespero!

Segundo período: é o tempo em que dois reis se aliaram: o de Damasco, chamado Rason, e Faceia, do Reino do Norte, para enfrentar Teglat Falasar III, rei da Assíria. Essa aliança é chamada pelos estudiosos de coalizão siro-efraimita (siro = Síria ou Aram, cuja capital era Damasco; efraimita = Efraim, isto é, o Reino do Norte). Esses dois reis quiseram envolver Acaz, rei de Judá, na guerra contra Teglat Falasar III, mas Acaz não quis. Eles então o atacaram na capital Jerusalém. Esse fato é conhecido como a "guerra siro-efraimita". Para se defender, Acaz pediu socorro à Assíria. Teglat Falasar III atacou Damasco (por volta de 732), matou Rason e pôs Oseias como rei em lugar de Faceia. Isaías criticou essas alianças. São dessa época os seguintes textos: de 7,1 a 11,9; provavelmente 5,26-29; 17,1-6; 28,1-4.

Javé ordenou a Isaías ir ao encontro do rei Acaz, levando junto o filho Sear-Iasub, para lhe dizer que ficasse calmo e não tivesse medo daqueles dois "tições fumegantes" cheios de raiva: Rason, rei de Aram, e Faceia, filho de Romelias, decidiram atacar Judá, colocando no trono um certo Tabeel, um membro da corte de Damasco, que faria as vontades dos atacantes. E, em nome de Javé, o profeta garantiu: isso não vai acontecer... Se vocês não acreditarem, não conseguirão resistir (7,7.9).

> **Nomes simbólicos, um programa de vida**
> Como no caso do profeta Oseias, também em Isaías alguns nomes têm um sentido especial, uma espécie de programa de vida. Isaías = Javé é salvação; Ezequias = Javé é minha força (mas esse rei busca força no Egito); Emanuel = Deus está conosco; Sear-Iasub (filho de Isaías) = um resto voltará; Maer-Salal Has Baz (outro filho de Isaías) = pronto-saque, rápidos-despojos; Acaz = Javé agarra a mão; Ozias = minha força é Javé.

Acaz não deu atenção ao profeta, pois estava decidido a pedir socorro à Assíria. Seu nome, que significa "Javé agarra a mão", de nada serviu, pois o rei confiou mais na parceria com o inimigo de Rason e de Faceia.

Isaías, em nome de Javé, sugeriu que Acaz pedisse um sinal da proteção divina, mas o rei se recusou, pelos motivos que já conhecemos. O profeta, então, anunciou um sinal que fez história: "Eis que a jovem está grávida e dará à luz um filho que será chamado Emanuel" (7,14). Essa jovem era a esposa do rei. Com o passar do tempo, esse texto abriu as portas para a esperança na chegada do Messias. Quando escreveu seu Evangelho, Mateus (1,23) encontrou esse texto traduzido para o grego com a substituição de "jovem" por "virgem". Assim: "Eis que a virgem está grávida e dará à luz um filho que será chamado Emanuel", e o aplicou a Maria e a Jesus.

Isaías não recebeu atenção por parte do rei Acaz e se retirou: "Guarde fechado o testemunho, sele a instrução... Eu espero por Javé, que esconde seu rosto da casa de Jacó. Ponho nele minha esperança. Eu e os filhos que Javé me deu nos tornamos sinais e presságios em Israel" (8,16-18).

> **Oráculos contra as nações**
> Oráculo é um pronunciamento que o profeta faz em nome de Deus. Os oráculos contra as nações são quase um lugar comum dos livros proféticos, como, por exemplo, os capítulos de 13 a 23 de Isaías, os capítulos de 46 a 51 de Jeremias e os

> capítulos de 25 a 32 de Ezequiel. Os estudiosos afirmam que os capítulos de 13 a 23 de Isaías são acréscimos posteriores. Esses oráculos são as primeiras sementes de um movimento posterior aos profetas, chamado de movimento apocalíptico, que se torna forte com o livro de Daniel.

Terceiro período: o Reino do Norte desapareceu com a queda da capital, Samaria (722). No Sul, em 716, começou a reinar Ezequias, que desejava livrar-se da "proteção" assíria pedindo socorro ao Egito. Isaías interveio: 14,28-32; 18; 20; 28,7-22; 29,1-14; 30,8-17. O novo rei da Assíria se chamava Sargon II (721-705). Ele tomou a cidade palestina de Azoto (Isaías 20), e o profeta desapareceu.

O capítulo 18 traz um oráculo contra Cuch (que representa o Egito): "Infeliz da terra dos grilos com asas, que se encontra além dos rios de Cuch, que envia mensageiros pelo mar, sobre a água, em barcos de papiro. Vão, mensageiros velozes, vão a uma nação de gente alta, de pele morena, a um povo que todo o mundo teme, a uma nação poderosa e dominadora, cuja terra é cortada por rios... Eu vou ficar calmo... Tudo será abandonado às aves de rapina das montanhas e às feras das matas..."

A tentativa do rei Ezequias de buscar socorro no Egito contra a Assíria foi estimulada pela assessoria de falsos profetas e conselheiros enganadores. Eles criticavam Isaías, dizendo que o profeta era puro blá-blá-blá, ou seja, não dizia coisa com coisa (28,7-13). Isaías lhes respondeu que, por debocharem da fala do profeta, acabariam escutando um nhem-nhem-nhem estrangeiro, isto é, a língua dos assírios, que logo dominariam o país e que eles não entendiam.

Os conselheiros enganadores afirmavam ter feito um pacto com a morte e uma aliança com a morada dos mortos: quando viesse a desgraça, elas passariam sem atingi-los. O profeta rebateu, respondendo que, quando chegasse a desgraça, o pacto com a morte seria desfeito e a aliança com a morada dos mortos não sobreviveria (28,14-22).

Profetas

O profeta lamentou a desgraça iminente de Ariel, isto é, Jerusalém: "Infeliz, Ariel, cidade onde Davi acampou... Eu vou pôr Ariel em apuros. Haverá gemidos e luto... Eu vou cercar você inteiramente, montarei guardas contra você e construirei trincheiras. Você será arrasada e falará com a boca grudada ao pó da terra" (29,1-5).

> **Textos apocalípticos**
> Os capítulos de 24 a 27 são conhecidos como "o Apocalipse de Isaías", e os capítulos 34 e 35, como "Pequeno Apocalipse". Em ambos os casos, são acréscimos posteriores. Falam de um julgamento final por parte de Deus. São, juntamente com os oráculos contra as nações, os primeiros ensaios apocalípticos. Esse modo de escrever é muito comum nos dois séculos antes de Jesus nascer.

Quarto período (a partir de 705): Ezequias se revoltou contra a Assíria. O general assírio Senaquerib (704-681) arrasou o Reino do Sul, mas Jerusalém resistiu (ano 701). Isaías apoiou a resistência. São desse período os seguintes textos: 10,5-15.27-32; 14,24-27.

A Assíria, instrumento de Javé para punir o povo da aliança, passou do limite, e agora chegou sua vez. Sem o saber, o rei da Assíria serviu de instrumento para executar o julgamento de Deus contra o povo rebelde. Mas isso não o privou de responsabilidade: "Infeliz da Assíria, bastão da minha cólera. Ela é a vara de meu furor colocada em suas mãos. Eu a enviei contra uma nação injusta; eu lhe dei ordens acerca de um povo contra o qual eu estava enfurecido, para que o saqueasse e o despojasse, para que o pisasse como o barro das ruas. Mas ela tinha outras intenções... Seu objetivo era acabar destruindo um grande número de nações... Pois bem, quando o Senhor terminar toda a sua obra no monte Sião e em Jerusalém, ele dará ao rei da Assíria os castigos do fruto de seu coração arrogante e da soberba de seus olhos altivos" (10,5-12; veja também 14,24-27).

2. Isaías Júnior (capítulos de 40 a 55)

Os capítulos de 40 a 55 são de outro autor, que nós chamamos de Isaías Júnior. A situação mudou, e estamos a mais de 200 anos após o desaparecimento do profeta Isaías. O Reino do Sul desapareceu, e a maioria do povo foi levado para o exílio na Babilônia. Isso aconteceu no ano 586. Junto aos exilados, havia um profeta cheio de esperança, que animou os desterrados na expectativa de retornar à terra de onde saíram.

A presença consoladora desse profeta foi muito importante para que não se perdessem a esperança e a fé no Deus da aliança. Por esse tempo e lugar, situava-se também o profeta Ezequiel, com perspectivas semelhantes. O exílio não foi o fim de tudo, mas uma etapa nova de purificação e de retomada da esperança no Deus, que liberta.

A atividade de Isaías Júnior situou-se por volta do ano 550. Pouco mais de 10 anos depois, em 538, Ciro, rei dos persas, decretou o fim do cativeiro babilônico.

Por começar com palavras consoladoras, o livro de Isaías Júnior foi chamado de "Livro da consolação de Israel": "Consolem, consolem o meu povo, diz o Deus de vocês. Falem ao coração de Jerusalém e gritem-lhe que seu serviço está realizado, e sua injustiça foi paga, que ela recebeu da mão de Javé duplo pagamento por todos os seus pecados" (40,1-2).

O profeta anônimo previu um êxodo mais glorioso que o êxodo do tempo de Moisés: "Abram no deserto um caminho para Javé; aplainem na estepe uma vereda para nosso Deus. Todo vale seja aterrado, todo monte e colina sejam aplainados; os lugares montanhosos se tornem planícies, e os montes se transformem em largos vales" (40,3-4).

Profetas

Exercício

Abra sua Bíblia e complete os versículos indicados:

40,11: "Como o pastor, ele cuida de seu rebanho, ...
....
....".

41,18: "Vou fazer brotar rios por entre montes descalvados
....
..................................".

43,4: "Você é precioso aos meus olhos ....
....
......................".

43,6: "Direi ao Norte: Entregue-os ....
....
..................................".

43,19: "Vou fazer uma coisa nova ....
....
.......................".

44,28: "Eu digo a Ciro: Meu pastor ....
....
......................".

49,9: "............................ para dizer aos cativos: Saiam
....
..................................".

49,15: "Pode acaso a mãe se esquecer de seu bebê? ....
....
...............................".

54,8: "No momento de raiva escondi meu rosto ....
....
............................".

Um aspecto interessante e único de Isaías Júnior é a presença dos assim chamados quatro "Cânticos do Servo de Javé". São estes: 42,1-9; 49,1-6; 50,4-11; 52,13-53,12. Neles aparece uma figura misteriosa, amada e querida por Deus, rejeitada e desprezada pelas pessoas. No entanto, ele é fonte de salvação e de vida para o povo. Não há um consenso acerca de quem foi ou é esse servo. Alguns afirmam tratar-se de personagem simbólica; outros pensam em uma coletividade, isto é, o próprio povo de Deus que sofre, sobretudo no exílio babilônico. Os primeiros cristãos viram que essa figura aponta para Jesus Cristo, que a completa e a supera. De fato, o último cântico (52,13-53,12) é lido na liturgia da Sexta-feira Santa.

A obra de Isaías Júnior encerra-se de forma magistral, com a comparação da chuva e da neve, que descem do céu e não voltam para o céu sem antes terem regado a terra, tornando-a fecunda e fazendo-a germinar, dando semente ao semeador e pão ao que come. Assim é a palavra que sai da boca de Javé por meio do profeta: ela não retorna sem ter produzido seu efeito, isto é, a libertação da escravidão na Babilônia (55,10-11).

E Isaías Júnior encerra sua obra, prometendo aos exilados: "Vocês sairão com alegria e serão conduzidos em paz. Na presença de vocês, colinas e montes explodirão de alegria. As árvores todas vão bater palmas. Ciprestes crescerão em lugar de espinheiros, e murtas em lugar de urtigas. A fama de Javé irá trazer essas coisas, ela será um monumento eterno que jamais se apagará" (55,12-13).

3. Isaías Neto (capítulos de 56 a 66)

Os capítulos de 56 a 66 são de outro autor, que nós chamamos familiarmente de Isaías Neto. Já não estamos na Babilônia, mas sim na Judeia entre aqueles que retornaram do cativeiro, terminado em 538.

Esses capítulos são posteriores ao exílio, e o profeta pode ser elencado entre os agentes da reconstrução do país, como os profetas Ageu, Zacarias e, mais tarde, Malaquias.

Depois que o povo retornou do exílio, retornaram também alguns problemas anteriores ao cativeiro, como, por exemplo, a idolatria e a religião de aparências (capítulos 57 e 58). Sabe-se que nessa época surgiu o Judaísmo, alicerçado sobre três bases: a Lei, o Templo e a Raça. O Judaísmo arriscava fechar-se para o mundo, confinando o próprio Deus. A reforma de Esdras e Neemias obrigou o desmanche dos casamentos com pessoas de outras raças (veja, nesta coleção, "o livro de Rute"). Isaías Neto implodiu em nome de Deus esse exclusivismo racista: "Não diga o estrangeiro que acreditou em Javé: 'Certamente Javé vai me excluir de seu povo'. Não diga o eunuco: 'Eu não passo de uma árvore seca'. Javé garante: os eunucos que observam os meus sábados, que escolhem o que me agrada e permanecem firmes na minha aliança, receberão na minha casa, dentro de minhas muralhas, um lugar e um nome que vale mais do que filhos e filhas. Eu lhes darei um nome eterno que jamais se apagará. Os estrangeiros que creram em Javé e lhe prestam culto... serão levados para a montanha santa de Javé..." (56,3-7).

O grande sonho de Isaías Neto era a criação de novos céus e nova terra. Jerusalém foi convidada a se levantar e a reluzir, pois seu brilho era o próprio brilho de Javé. Ela se tornou ponto de encontro de toda a humanidade (60,1-7). Ela foi novamente a esposa de Javé (capítulo 61). "Estou fazendo correr para Jerusalém a prosperidade como rio, e as riquezas das nações como córregos transbordantes. Seus bebês serão carregados ao colo, acariciados sobre os joelhos. Como a mãe consola seu filho, da mesma forma eu consolarei vocês. Vendo isso, vocês ficarão de coração alegre, e seus ossos florescerão como um campo" (66,12-14).

> **Avaliação**
> O livro de Isaías é um dos mais complexos de toda a Bíblia. Faça uma avaliação, anotando os pontos positivos e negativos deste estudo. E lembre-se: o estudo da Bíblia é uma aventura que não termina. Quanto mais aprofundamos, mais aumenta nossa sede de conhecê-la.

2
O livro de Jeremias

I. ANTES DE ABRIR O LIVRO

1. A época de Jeremias

O começo do livro de Jeremias oferece uma indicação importante acerca da época em que o profeta viveu (1,1-3): "Estas são palavras de Jeremias, filho de Helcias, um dos sacerdotes que moravam em Anatot, no território de Benjamim. Javé lhe falou no décimo terceiro ano do reinado de Josias, filho do rei de Judá, chamado Amon. E também quando reinava Joaquim, filho de Josias, até o décimo primeiro ano do reinado de Sedecias, filho de Josias, rei de Judá, até a deportação, no quinto mês".

Com essas indicações na mão, podemos situar a ação do profeta a partir do ano 626 até julho de 587. Vamos, portanto, ver, brevemente, o contexto em que viveu Jeremias.

a. Um dos sacerdotes de Anatot

Anatot situava-se 6 km a nordeste de Jerusalém. No passado, essa aldeia abrigou o sacerdote-chefe Abiatar (veja 1Reis 2,26). O rei Salomão, quando substituiu seu pai Davi, promoveu um banho de sangue contra todos os que lhe haviam feito oposição política, defendendo outro candidato ao trono. Abiatar foi poupado por Salomão, mas, para salvar a pele, teve de fugir e se refugiar em Anatot. O cargo de sacerdote-chefe foi então ocupado por Sadoc, que fazia as vontades e era do partido do rei.

Profetas

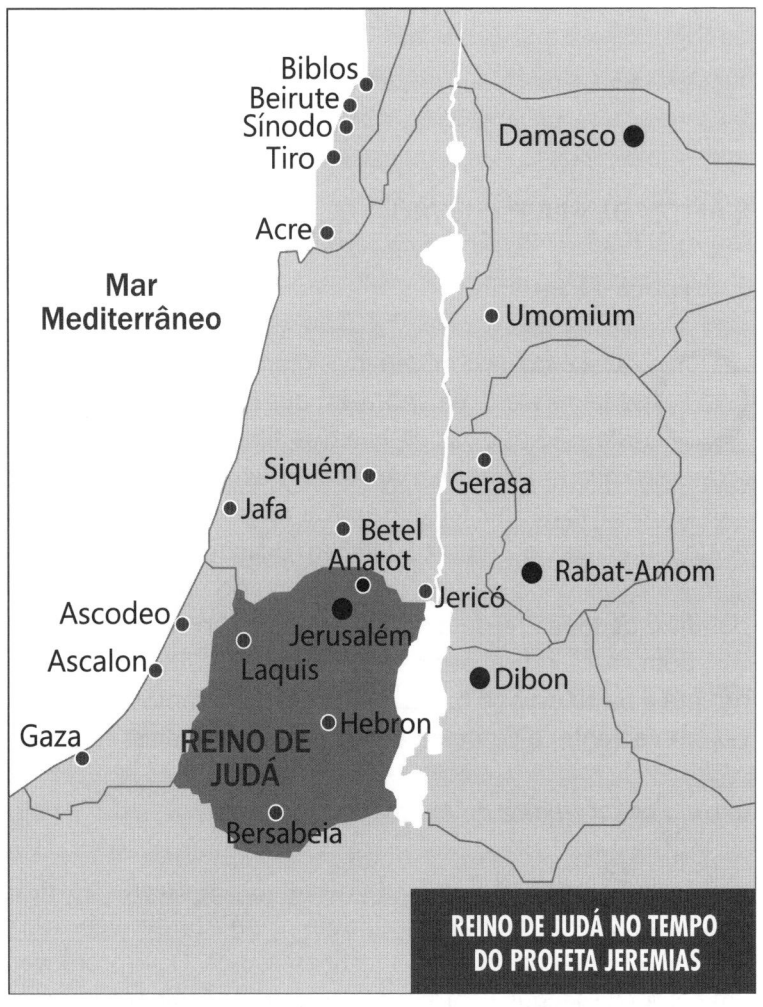

REINO DE JUDÁ NO TEMPO DO PROFETA JEREMIAS

No tempo do Novo Testamento, o partido dos saduceus afirmava ser descendente desse antigo sacerdote-chefe.

O fato de Jeremias ser filho de um sacerdote reveste-se de grande importância para compreensão de sua atividade profética. De fato, muitas de suas palavras e acusações têm como endereço o pessoal do Templo, sacerdotes e profetas que fazem da religião um suporte para os interesses dos reis.

b. No tempo do rei Josias (640-609)

Para ter mais informações sobre esse tempo, veja, nesta coleção, "O livro do Deuteronômio". Por volta do ano 621, no Templo de Jerusalém, foi encontrada a parte mais antiga do livro do Deuteronômio. A descoberta desse texto levou o rei Josias a empreender uma reforma político-religiosa, deixada anteriormente inacabada pelo rei Ezequias. Entre as várias decisões do rei Josias, encontrava-se o plano de anexar o antigo Reino do Norte, desaparecido em 722 com a destruição de Samaria, sua capital, por ação da Assíria.

Nessa época, Josias pagava tributo à Assíria. No ano 612, Nínive, capital da Assíria, caiu nas mãos dos babilônios. Josias viu chegada a grande oportunidade de anexar o antigo Reino do Norte. Todavia, Egito e Assíria eram aliados, e o Faraó Necao II (Neco II) marchou contra a Babilônia, em socorro da Assíria. Josias tentou interceptar a marcha do Egito e foi morto na batalha de Meguido (ano 609). Vencedor, o Faraó Necao II depôs Joacaz, sucessor de Josias, e pôs Eliacim no trono de Judá, o qual passou a ser chamado Joaquim.

c. No tempo do rei Joaquim (609-597)

Em 605, os babilônios (também chamados caldeus), liderados por Nabucodonosor, venceram os egípcios na batalha de Carquemis. Surgiu um novo império, o Império Babilônico, que durou até o ano 538. O Reino do Sul teve novo patrão, a Babilônia. No começo, Joaquim obedeceu, pagando tributo, mas depois se rebelou (por volta do ano 600) e morreu antes que Nabucodonosor chegasse a Jerusalém com seu exército. Ao chegar, o rei era Joaquin, filho de Joaquim. Com apenas três meses de reinado, Joaquin foi deposto por Nabucodonosor. A família real, chefes militares, os artesãos, a elite – pouco mais de dez mil pessoas – foram levados presos para a Mesopotâmia. O rei da Babilônia pôs Sedecias, filho de Josias, no trono de Judá.

d. No tempo do rei Sedecias (597-586)

O reinado de Sedecias foi marcado por divisões internas, nas quais predominava o grupo contrário à presença dos babilônios. Sedecias foi forçado a se revoltar. Nabucodonosor veio, cercou a cidade e a arrasou (ano 586). O Reino de Judá desapareceu como estado independente. Foi a segunda deportação e o começo daquilo que conhecemos como "exílio da Babilônia".

e. Os que ficaram em Judá

Quando os babilônios invadiram e tomaram Jerusalém, Jeremias foi poupado, pois sua clara posição era esta: "Vamos entregar-nos aos babilônios e assim salvaremos a vida!" Além de ser poupado, foi dada ao profeta a possibilidade de escolher onde queria ficar. Sempre fiel a seu povo, mesmo quando incompreendido, Jeremias escolheu ficar em Judá e se dedicou à animação dos que restaram, incentivando-os a viver em paz, governados por Godolias. Poucos meses depois, o governador foi assassinado. Temendo dura reação dos babilônios, o povo consultou Jeremias acerca de qual atitude tomar, se ficar ou se fugir para o Egito. Mostrando mais uma vez fidelidade a seu povo, o profeta aconselhou-o a ficar. Mais uma vez o profeta não foi atendido. Obrigaram-no a fugir com eles para o Egito. Nada mais se sabe a respeito de sua vida. Uma antiga lenda afirma que morreu no Egito, apedrejado pelos judeus.

2. O profeta

Jeremias é, ao mesmo tempo, figura importante e complexa. Apesar de incompreendido e rejeitado em um tempo turbulento como aquele no qual viveu, passou pela história do povo de Deus como personagem ímpar. Sua importância pode ser vista, entre outras coisas, nos muitos acréscimos feitos ao livro que traz seu nome.

É figura complexa também por este fato: nem sempre é fácil entender seus textos, escritos em épocas e situações tão diferentes entre si. E, como se sabe, ignorando a situação social, que está por trás de determinados textos, corre-se o risco de interpretá-los erradamente. Por isso, na segunda parte deste estudo, procuraremos situar as principais passagens em seu respectivo período histórico.

Ele é considerado pai do Judaísmo. Por isso, textos dispersos e sem autoria explícita foram atribuídos a ele. Sua importância é tal que inspirou muitos salmos, por exemplo, o Salmo 1 – porta de entrada de todo esse livro – inspira-se em Jeremias 21,8 e 17,8.

Você sabia?

Jeremias tinha um secretário chamado Benedito, em hebraico Baruc (veja, por exemplo, o capítulo 36). Popularmente, acreditou-se que Baruc fosse autor de um livro que traz o mesmo nome (livro ausente nas Bíblias protestantes). Trata-se, na verdade, de duas pessoas distintas. O livro de Baruc apareceu séculos depois, em grego.

Em português, há um verbo interessante, inadequadamente ligado ao profeta Jeremias: jeremiar, que significa "lamuriar, choramingar, queixar-se, resmungar, lamentar-se". Por quê? Tradicionalmente, atribuiu-se a Jeremias a autoria do livro das Lamentações, o que não é verdade. Na maioria das Bíblias, o livro das Lamentações vem logo após o de Jeremias e, depois de Lamentações, as Bíblias católicas, geralmente, apresentam o livro de Baruc. Lendo Jeremias, você constatará que o clichê de choramingão não tem nada a ver com ele.

a. Filho de sacerdote, mas contra o Templo

Um aspecto desconcertante na vida desse profeta é o fato de ser filho de sacerdote e ter de profetizar contra a mais cara instituição: o Templo, com seu culto, sacerdotes e profetas. Javé lhe ordenou postar-se à porta do Templo e gritar contra tudo o que o Templo representava: "Este Templo, onde meu Nome é invocado, será por acaso uma toca de ladrões?... Eu vou expulsar vocês da minha presença, da mesma forma que expulsei seus irmãos do Norte" (veja 7,11.15).

b. Ser a favor do dominador

O profeta Jeremias é, certamente, o mais rejeitado de todos os profetas. Vivendo em um tempo politicamente difícil, ele foi malvisto por causa de sua clara posição. Isso se tornou ainda mais contundente porque ele falava em nome de Deus, provocando a ira de reis, sacerdotes e profetas.

Diante do surgimento feroz da Babilônia, o profeta não viu outra possibilidade de conservar a vida a não ser se entregando aos inimigos. Ele falou em nome de Deus, dizendo: "Estou colocando diante de vocês a opção pela vida e a opção pela morte. Quem ficar, nesta cidade, morrerá pela espada, pela fome ou pela peste. Mas quem sair da cidade e se entregar aos caldeus, que a cercam, irá viver e terá sua vida como despojo. Pois eu vou me voltar contra esta cidade para a desgraça dela, e não para sua felicidade... Ela vai ser entregue em poder do rei da Babilônia, e ele a incendiará" (21,8-10).

c. Profeta em palavras e ações

Não bastavam as palavras duras de Jeremias para irritar o povo. Sua própria vida era uma profecia aberta e uma denúncia exposta. De fato, Javé lhe pediu comportamento e atitudes proféticas. Ele não pôde casar, e sua vida de solteiro teve a seguinte explicação: "Assim disse Javé a respeito dos filhos e das filhas que nascerão neste lugar, e a respeito de suas mães que os conceberão, e a respeito de seus pais que irão gerá-los nesta terra: eles vão morrer de doenças mortais, não serão lamentados nem enterrados; servirão de esterco sobre a terra. A espada e a fome os matarão, e seus cadáveres servirão de alimentos para as aves do céu e para as feras" (16,3-4).

O profeta não pode fazer luto ou ir a festas. Por quê? "Não entre em uma casa em que se faz luto, não faça lamentações, não dê pêsames, pois eu vou retirar a minha paz deste povo; vou retirar o amor e a compaixão" (16,5). "Nunca sentei com pessoas alegres para me divertir. Por causa de tua mão, sempre sentei sozinho, pois tu me encheste de cólera" (15,17). "Não entre em uma casa em festa... Vou fazer desaparecer, neste lugar, o grito de festa e o grito de alegria, o grito do noivo e o grito da noiva" (16,8-9).

Muito eloquente é o episódio do capítulo 18: o profeta foi ao ateliê de um oleiro e o viu desmanchando um vaso de argila, para fazer um que lhe agrade: "Casa de Israel, não posso eu fazer com vocês como faz este oleiro?" (veja 18,1-12).

Igualmente interessante é a cena do capítulo 27. Jeremias apresentou-se ao rei Sedecias, que se encontrou com o rei de Edom, o rei de Moab, o rei de Amon, o rei de Tiro e o rei de Sidônia, amarrado com cordas e com uma canga ao pescoço. Por quê? Descubra você mesmo, lendo os capítulos 27 e 28.

d. Consequências

As consequências das palavras e atitudes de Jeremias são duras: sofreu atentados (11,18-23; 18,18); apanhou e foi para a cadeia (19,14-20,6), viu queimadas suas palavras (36,1-32); foi jogado em um poço para morrer (capítulo 38).

e. Os desabafos do profeta

Sozinho, Jeremias chegou a uma situação-limite. Sem ter a quem recorrer, desafogou suas mágoas com Deus. Ao longo de seu livro, encontram-se cinco poemas tradicionalmente chamados de "confissões". A linguagem é, ao mesmo tempo, dura e terna (11,18-12,6; 15,10-21; 17,14-18; 18,18-23; 20,7-18). É dura: "Tu me seduziste, Javé..." (20,7); é terna: "Era como se houvesse no meu coração um fogo abrasador, fechado em meus ossos" (20,9). Por um lado, Jeremias sentiu-se como que enganado e traído ("seduziste-me"); por outro, não escondeu sua paixão ardente ("um fogo abrasador no coração").

f. De onde vem a força?

Podemos perguntar-nos de onde lhe vem tanta coragem e ousadia proféticas? A resposta parece ser uma somente: sua paixão em duas vertentes: por Javé e pelo povo ao qual ele pertence: "Quando recebi as tuas palavras, eu as devorava. A tua palavra era festa e alegria para o meu coração, porque eu levava o teu nome, ó Javé, Deus dos exércitos" (15,16).

Avalie seus conhecimentos até aqui, associando:

1. Anatot ❶ ○	Governador de Judá depois da segunda deportação
2. Salomão ❷ ○	País para onde Jeremias foi obrigado a ir
3. Helcias ❸ ○	Batalha que decretou o fim do Império Assírio
4. Abiatar ❹ ○	Nome da batalha em que morreu o rei Josias
5. Josias ❺ ○	Último rei de Judá
6. Necao II ❻ ○	Rei de Judá que empreendeu a reforma

7. Joaquim	❼	◯	Sacerdote pai do profeta Jeremias
8. Godolias	❽	◯	Império do tempo do exílio
9. Sedecias	❾	◯	Capital da Assíria, destruída em 612
10. Egito	❿	❶	Aldeia do sacerdote-chefe Abiatar e de Jeremias
11. Meguido	⓫	◯	Rei que expulsou Abiatar para Anatot
12. Assírio	⓬	◯	Sacerdote-chefe expulso por Salomão
13. Babilônico	⓭	◯	Faraó que venceu Josias em Meguido
14. Nínive	⓮	◯	Rei de Judá que sucedeu a Josias
15. Carquemis	⓯	◯	Império vencido pelos babilônios (caldeus)

Resposta: 8; 10; 15; 11; 9; 5; 3; 13; 14; 1; 2; 4; 6; 7; 12

II. OLHANDO DE PERTO O LIVRO

É muito difícil e praticamente impossível ordenar todas as palavras de Jeremias em seu devido tempo e espaço. Isso se torna ainda mais difícil por causa de sua extensão (52 capítulos). Toda tentativa de fazê-lo é válida, mas sempre incompleta. O que você encontra em seguida é o que fazem a maioria dos estudiosos e das Bíblias voltadas ao estudo. Em poucas palavras, tentaremos apresentar os principais temas.

Profetas

> **Oráculo**
> Os profetas costumavam dizer com frequência "Oráculo de Javé..." O que significa? É uma palavra que os profetas usavam muito quando tinham certeza de que suas palavras trariam uma revelação divina. É como se fosse o próprio Deus falando pela boca do profeta. O problema era que também os falsos profetas usavam a mesma expressão. Veja a luta de Jeremias contra eles: 23,13.16.21.25; 27,12.14.15.16; 29,9.21. Existem critérios para distinguir uns dos outros? Sim. **1.** O tempo dará razão ao verdadeiro profeta. **2.** Os frutos que produzem (Mateus 7,16). **3.** A quem prestam serviço (1 João 4,1-6).

1. Oráculos contra Judá e sua capital, Jerusalém, no tempo do rei Josias (1,4-6,30)

• *O chamado.* Jeremias nasceu por volta do ano 650, e seu chamado aconteceu no ano 626. Ele teria, então, 24 anos. A narração de seu chamado ou sua vocação (1,4-10) segue o esquema dos relatos de vocação na Bíblia. Compõe-se, basicamente, de quatro passos: **1.** Deus (ou um ser misterioso que o representa) aparece e convoca a pessoa. **2.** A pessoa chamada se recusa, alegando desculpas. **3.** Deus intervém, encorajando ou fazendo um gesto (no caso de Jeremias, toca-lhe a boca com a mão). **4.** A pessoa chamada é confirmada em sua missão. Você pode descobrir esse esquema na vocação de Moisés, Isaías, Ezequiel, Maria, Paulo...

> *Faça você mesmo!* Associe as etapas com as frases correspondentes:
>
> 1. Deus chama **❶** ○ "Eu não sei falar, porque sou ainda criança!"
>
> 2. Reação **❷** ○ "Então Javé tocou-me a boca com sua mão".
>
> 3. Gesto **❸** ○ "Eu constituo você sobre as nações, para arrancar...".
>
> 4. Confirmação **❹** **❶** Javé me disse: "Antes de te formar no seio de tua mãe...".

Resposta: 2; 3; 4; 1.

- *Tarefa ingrata.* A missão de Jeremias caracteriza-se por seis verbos formando três pares: arrancar e destruir, exterminar e demolir, construir e plantar. Ele era da roça e sabia muito bem o que significava arrancar ou plantar; iria exercer sua atividade profética na cidade de Jerusalém, anunciando seu futuro amargo: ela seria destruída pelos babilônios (também conhecidos como caldeus), e sua população, levada para o exílio. Desses seis verbos, 2/3 são negativos, isto é, anunciam desgraças; somente 1/3 é positivo, portador de esperança.

- *Duas imagens fortes.* O começo do livro de Jeremias é marcado por duas imagens que percorrerão todo o livro. São uma espécie de resumo de todo o pensamento e ação do profeta.

Jeremias viu algo que, como pessoa ligada ao campo, estava acostumado a ver. Na Palestina, a primeira planta a florescer, ainda no inverno, anunciando a primavera, é a amendoeira. Por isso, ela é chamada de "vigilante". Javé perguntou ao profeta o que estava vendo, e ele respondeu que via um ramo de "vigilante" (amendoeira). E Javé lhe disse: "Eu *estou vigiando* sobre a minha palavra para realizá-la" (1,11-12). Há em hebraico um trocadilho que não se consegue traduzir: amendoeira se diz *sheqed*, e vigilante é *shoqed*.

> **Mais ou menos assim**
> Se Jeremias fosse brasileiro, talvez Deus lhe fizesse ver um "olho mágico" na porta de uma casa. O diálogo seria mais ou menos assim: – O que você está vendo, Jeremias? – Vejo um olho mágico na porta de uma casa. – Pois bem, eu *estou de olho* sobre a minha palavra para realizá-la.
>
> Tente você mesmo reconstruir o diálogo usando a imagem de uma torre de vigia ou de um despertador.

A segunda imagem (1,13) fala do perigo que vem do Norte, ou seja, a próxima invasão do Império Babilônico. Jeremias viu no Norte um caldeirão fervendo e derramando-se para o

Sul, isto é, também sobre Judá e Jerusalém. E Javé lhe disse: "A desgraça vai se derramar do Norte sobre todos os habitantes da terra, pois eu vou convocar todas as tribos dos reinos do Norte... Eles vão chegar, e cada um deles vai colocar seu trono na entrada das portas de Jerusalém, ao redor de suas muralhas e contra todas as cidades de Judá" (1,14-15).

> **Agora sim**
> Nesta segunda imagem, não há trocadilho em hebraico. Mas nós podemos, brincando, criar um, refazendo o diálogo entre Javé e o profeta. Assim: – o que você está vendo, Jeremias? – Vejo um caldeirão fervendo e derramando-se para o Sul. – Pois bem, eu estou derramando o caldo fervente de minha ira... É o caldo fervente dos caldeus, que irá escaldar todos os habitantes da terra.

• *Motivos*. Quais os motivos que levaram Jeremias a profetizar? O que tem de arrancar, destruir, exterminar e demolir? Em poucas palavras, podemos sintetizar os motivos que o levaram a isso: "O meu povo cometeu dois crimes: eles me abandonaram, a mim, que sou fonte de água viva, e cavaram para si cisternas, cisternas rachadas, que não contêm água" (2,13). A acusação do profeta é clara: Judá e sua capital Jerusalém abandonaram Javé e caíram na idolatria, e com a maior "cara de pau" disseram não ser verdade.

2. Oráculos contra Judá e sua capital, Jerusalém, no tempo do rei Joaquim (7,1-20,18)

• Jeremias, apesar de pertencer a uma família sacerdotal, tinha de fazer sua denúncia de idolatria justamente no lugar em que ela era sumamente praticada. Javé ordenou que ele se colocasse à porta do Templo de Jerusalém e fizesse a mais grave denúncia.

Imagine que você está entrando em sua igreja para a celebração e para seu encontro com Deus e que na porta alguém grite a plenos pulmões: "Não confiem em palavras mentirosas que dizem: esta é a casa de Deus... Porque se de fato vocês melhorarem sua conduta e suas ações, se de fato praticarem o direito cada qual com seu semelhante, se não oprimirem o estrangeiro, o órfão e a viúva, se não derramarem sangue inocente neste lugar, e se não correrem atrás dos deuses estrangeiros para a própria desgraça, então eu farei vocês habitarem neste lugar, na terra que entreguei para sempre aos antepassados de vocês" (7,4-7).

• Como você reagiria? O pessoal do Templo e as pessoas que nele entravam tramaram planos contra o profeta: "Vamos destruir a árvore vigorosa, vamos arrancá-la da terra dos vivos, para que seu nome não seja mais lembrado" (11,19). Notemos bem: entre as ações de Jeremias constava arrancar e destruir (1,10). E seus adversários queriam arrancá-lo e destruí-lo.

• Muito significativo é o episódio de 18,1-12. Javé ordenou a Jeremias ir ao ateliê de um oleiro, que estava moldando vasos de argila. Quando chegou, o vaso que estava fazendo estragou-se, e ele o destruiu para fazer outro. O segundo relato da criação (Gênesis 2) mostra Javé moldando o ser humano do barro, como o oleiro que Jeremias visitou. A mensagem é clara, por isso, Javé falou mediante o profeta: "Como a argila na mão do oleiro, assim serão vocês em minha mão, casa de Israel! Ora, eu estou falando sobre uma nação ou contra um reino para arrancar, arrasar, destruir; mas se essa nação se converter... então eu me arrependo... e falo de uma nação para construir e plantar" (18,6-9).

• A reação contra Jeremias foi imediata: "Venham, façamos planos contra Jeremias... Vamos feri-lo com a língua e não prestemos atenção às palavras dele" (18,18).

3. Oráculos contra Judá e sua capital, Jerusalém, no tempo do rei Sedecias (21,1-24,10)

O rei Sedecias enviou mensageiros a Jeremias para consultar Javé por meio do profeta. O problema se colocava assim: Nabucodonosor estava cercando a cidade de Jerusalém para destruí-la. O que fazer? O rei esperava por um milagre.

A resposta de Jeremias decepcionou o rei e se tornou causa de acusação contra o profeta. Em nome de Javé, Jeremias declarou: "As armas com as quais vocês combatem o rei da Babilônia, eu as farei se voltarem contra vocês... Eu mesmo vou combater contra vocês com mão estendida e com braço forte, com ira, com furor e cheio de indignação. Vou ferir os habitantes desta cidade com uma grande peste, e morrerão homens e animais. Depois, vou entregar Sedecias, rei de Judá, juntamente com seus servos e aqueles que escaparam da peste e da fome. Vou entregá-los em poder de Nabucodonosor rei da Babilônia. Vou entregá-los em poder de seus inimigos e em poder daqueles que querem matá-los. Ele os matará pela espada, sem poupar ninguém, sem ter pena, sem compaixão" (veja 21,3-7).

Jeremias propôs uma saída que lhe custou a acusação de traidor e colaboracionista dos inimigos: "Quem ficar na cidade morrerá pela espada, pela fome ou pela peste; mas aquele que sair e se entregar aos caldeus viverá e terá sua vida como despojo" (21,9). E fez longa acusação contra os falsos profetas (23,9-40).

4. Capítulo 25,1-13a: Babilônia, instrumento de Javé

À semelhança do que dissera bem antes o profeta Isaías, também Jeremias acreditou que "Deus escrevesse direito por linhas tortas", ou seja, o castigo que a Babilônia impôs a Judá fez parte da pedagogia de Deus: corrigir o povo escolhido.

Mas chegou também o momento em que a Babilônia foi punida por não ter respeitado seu papel de simples instrumento. Por quê? Porque todo imperialismo tinha a semente do mal em seu DNA. Ele se opôs radicalmente ao reinado de Deus, proclamado por Jesus e anunciado pelos profetas.

5. Contra as nações (25,13b-38; 46,1-51,64)

Como quase em todos os profetas, também em Jeremias encontram-se oráculos contra as nações. Um dos motivos que levaram os profetas a esses pronunciamentos foi apresentado no item anterior.

Os oráculos contra as nações são os primeiros ensaios daquilo que mais tarde se chamará movimento apocalíptico, que tem sua expressão máxima no livro de Daniel. Os oráculos contra as nações em Jeremias estão assim organizados: a introdução encontra-se em 25,13b-38, e de 46,1 a 51,64 temos a seguinte sequência: Egito, Filisteia, Moab, Amon, Edom, as cidades sírias, as tribos árabes, Elam (parte da Mesopotâmia) e, naturalmente, Babilônia.

6. Profecias de felicidade (26,1-35,19)

Um terço da ação profética de Jeremias contemplava "construir e plantar" (1,10). É o que podemos encontrar de 26,1 a 35,19. Temos nesse caso os seguintes tópicos: **1.** Jeremias é o verdadeiro profeta (capítulo 26); **2.** Ele envia uma mensagem de esperança para os exilados (27,1-29,32); **3.** À semelhança de Isaías Júnior, também aqui encontramos um conjunto de capítulos que os estudiosos chamam de "Livro da Consolação" (30,1-33,26); **4.** Nos capítulos 34 e 35, encontram-se temas diversos.

A Nova Aliança

Uma das grandes contribuições de Jeremias é, sem dúvida, o texto conhecido como "A Nova Aliança" (31,31-34). Depois do fracasso da primeira aliança e da infrutífera reforma de Josias para restaurá-la, o projeto de Deus se apresenta de modo novo e insuperável: a Lei não está mais fora da pessoa, mas sim no mais íntimo do ser de cada um (o coração).

7. O profeta sofre (36,1-45,3)

Atenção especial deve ser dada ao texto que vai de 36,1 a 45,3 e que pode ser resumido em torno do tema do sofrimento infringido ao profeta. São textos que cobrem mais de um período de sua vida. O primeiro diz respeito aos textos de denúncia que Jeremias escrevera por intermédio de seu secretário Benedito (Baruc). O texto se destinava ao rei Joaquim e sua corte. Mas à medida que o texto era lido, o rei cortava as colunas do manuscrito e as queimava.

Outro episódio refere-se à prisão do profeta (capítulo 37) e o fato de ser atirado em um poço onde só havia barro (capítulo 38). O capítulo 39 trata dos últimos acontecimentos referentes a Jerusalém. Quando os caldeus tomaram a cidade, Jeremias foi poupado graças a sua posição política. Foi-lhe permitido escolher onde desejasse ficar a partir daquele momento. E ele optou permanecer em Jerusalém, sustentando a esperança dos que aí ficaram, governados por Godolias, governador imposto pelos babilônios (capítulo 40).

Quando Godolias foi assassinado, Jeremias viu-se obrigado a fugir para o Egito (capítulo 42), onde exerceu sua atividade profética (capítulo 43).

8. Apêndice (capítulo 52)

O livro de Jeremias encerra-se com um apêndice que confirma o início: Deus estava vigilante, e o caldeirão fervente pendendo para o Sul e prestes a ser derramado. Mostra, portanto, a realização das ameaças do profeta e termina com perspectivas de esperança, como o próprio Jeremias havia profetizado, pois "A esperança é a última que morre". E ela não morreu!

3
O livro de Ezequiel

I. ANTES DE ABRIR O LIVRO

1. Quem foi Ezequiel

O nome Ezequiel significa "que Deus fortaleça". Ele era um sacerdote que, no ano 597, foi deportado para a Babilônia, naquela que conhecemos como a primeira deportação.

O livro que traz seu nome é bastante pobre quanto a informações acerca de sua pessoa e de datas. Logo no começo, temos a informação de que seu pai se chamava Buzi e que Deus lhe dirigiu a palavra no quinto ano do exílio do rei Jeconias (também conhecido como Joaquin); essa informação corresponde ao ano 593. Ele recebeu a mensagem de Tel Abib, na Babilônia, perto do rio Cobar (veja 3,15).

Esse profeta sacerdote exerceu sua atividade também antes que Jerusalém caísse nas mãos dos babilônios (conhecidos também como caldeus). O exílio na Babilônia iniciou-se com a destruição em Jerusalém por Nabucodonosor em 586, e Ezequiel já se encontrava entre os deportados às margens desse rio afluente do Eufrates.

Lendo 24,16-24, ficamos sabendo que era casado e, durante sua atividade profética, sua esposa morreu. O falecimento de sua amada e a subsequente viuvez se tornaram gestos proféticos.

2. Como está organizado o livro?

O livro de Ezequiel tem 48 capítulos, que podem ser agrupados em torno de quatro unidades: 1-24: palavras do profeta antes da queda de Jerusalém; 25-32: oráculos contra as nações; 33-39: promessas depois da queda de Jerusalém; 40-48: descrição da futura reconstrução de Jerusalém, do Templo e do país.

Deve-se notar que o livro de Ezequiel não tem tantas inserções como os livros de Isaías e Jeremias. Ele se conservou praticamente intacto, e assim chegou até nós.

3. Profeta em palavras e gestos

Como aconteceu com Jeremias – e talvez até mais do que a ele –, Ezequiel foi profeta não somente em palavras, mas igualmente em gestos junto aos deportados na Babilônia. A seguir, alguns desses gestos proféticos, descritos nos capítulos 3, 4, 5 e 12.

• Em primeiro lugar, sua mudez forçada (3,26-27). Deus fez Ezequiel emudecer, grudando-lhe a língua ao céu da boca, de modo que o silêncio do profeta correspondesse ao terrível silêncio de Deus. E todos sabiam ser preferível ter por perto um profeta que incomodasse e denunciasse a tê-lo calado. O silêncio de Deus era mais grave que a denúncia do profeta. Javé lhe disse: "Vou grudar sua língua ao céu da boca. Você ficará mudo e não poderá repreendê-los, pois são uma casa de rebeldes. Mas, quando eu falar com você e lhe abrir a boca, você dirá a eles: isto diz o Senhor Javé: quem quiser ouvir, que ouça, mas quem não quiser ouvir, não ouça, pois são uma casa de rebeldes" (3,26-27).

• Em segundo lugar, a dramatização do cerco de Jerusalém (4,1-3). Javé lhe ordenou pegar um tijolo, colocá-lo a sua frente e desenhar nele uma cidade. A seguir, sitiá-la, construir contra ela trincheiras, levantar um aterro, formar um acampamento de soldados, rodeando-a de armas de guerra; pôr entre ele e a cidade sitiada uma panela de ferro, representando a muralha de ferro.

- Deitar sobre o lado esquerdo por 390 dias, representando estar carregando as faltas de Israel; depois, deitar-se sobre o lado direito por 40 dias, representando estar carregando a falta da casa de Judá (4,4-8).

- Pegar trigo, cevada, favas, lentilhas, painço e espelta, colocá-los todos em uma única vasilha e fazer pães, de acordo com o número de dias em que tivesse de estar deitado sobre o lado, e comer esses pães durante 390 dias. Esses pães deviam ser assados à vista das pessoas com excrementos humanos secos. Ezequiel se queixou, e Deus mandou substituir os excrementos humanos pelos de boi (4,9-17).

- Afiar uma espada e com ela cortar o cabelo e a barba; pegar uma balança e repartir os pelos cortados em duas partes; queimar um terço deles dentro da cidade, quando fosse sitiada; pegar mais um terço e picotá-lo em torno da cidade; a última porção espalhar ao vento; desta última porção, pegar um pouco e prendê-lo na barra da veste; destes últimos, pegar alguns e jogar no fogo (5,1-4).

- Fazer as malas de exilado à luz do sol e na presença das pessoas, e partir para o exílio. À vista delas, abrir um buraco no muro e passar por ele quando já tivesse escurecido; e cobrir o rosto para não ver a terra (12,1-6).

- Quando morreu sua esposa, foi obrigado a conter as lágrimas, a não lamentar e não fazer luto, cobrindo-se com o turbante e usando sandálias, não escondendo a barba nem comendo pão (24,15-19).

Visões

No livro de Ezequiel há muitas visões. Na verdade, são visões construídas, ou seja, o autor descreve, como se fossem visões, as experiências profundas que teve de Deus e da realidade que o cercava. É importante lembrar que Ezequiel foi o primeiro ensaísta daquilo que mais tarde passou a ser chamada de apocalíptica, cuja expressão máxima no Antigo Testamento é o livro de Daniel.

4. Linguagem forte e explícita

Antes de Ezequiel, Oseias, Isaías e Jeremias haviam usado a metáfora do matrimônio para explicar a aliança entre Deus, o esposo, e Israel – ou parte dele ou a cidade de Jerusalém – como a esposa, em uma mútua pertença e responsabilidade recíproca. Deus desposou Israel para sempre com amor fiel; e a esposa correspondeu a esse amor fiel cumprindo os mandamentos em seu duplo aspecto: não ter outros deuses e criar relações de justiça e de fraternidade entre as pessoas.

Quando a esposa transgridiu uma dessas dimensões, tornou-se infiel ao esposo. Por exemplo, no campo político: a aliança com povos estrangeiros é vista pelos profetas como infidelidade ao esposo, mais conhecida como adultério ou prostituição.

Foi o caso de Ezequiel. Ele não mediu as palavras quando denunciou as alianças políticas com o Egito ou outros povos: "Sua fama a tornou prostituta... você construiu um lugar de pecado nas encruzilhadas, desonrando sua beleza, abrindo as pernas para qualquer pessoa que passava, multiplicando assim seus atos de prostituta. Você se entregou também aos egípcios, seus vizinhos robustos, só para aumentar suas prostituições e para me ofender" (veja 16,15-34).

A linguagem se torna ainda mais dura no capítulo 23, em que denunciou as "prostituições" de duas irmãs, Oola e Ooliba, isto é, respectivamente, Samaria (capital do antigo Reino do Norte) e Jerusalém (capital do Reino do Sul). De Ooliba (Jerusalém), o profeta disse, entre outras coisas: "Ela só foi aumentando suas prostituições, lembrando seu tempo de moça, quando era prostituta na terra do Egito e se entregava loucamente a seus homens que têm pênis como de jumentos e orgasmo como o de garanhões. Você voltou a sua juventude pervertida no Egito, quando apertavam seus peitos e apalpavam seus seios de adolescente..." (veja 23,19-21).

Essa linguagem, por um lado, pode arrepiar as pessoas, mas, por outro lado, revela a paixão intensa que Javé expressa mediante essa linguagem. Não poupando palavras, Ezequiel nos fez um grande favor: tentar dizer em linguagem humana aquilo que a própria linguagem não consegue abarcar, isto é, o amor apaixonado, estremecido e até ciumento de Deus pelo seu povo.

5. Primeiros ensaios de linguagem apocalíptica

Ezequiel deve ser considerado o patriarca do movimento apocalíptico, que se torna forte alguns séculos mais tarde e que tem no livro de Daniel sua expressão maior no Antigo Testamento. Ele é o primeiro a fazer uso intenso das visões (veja acima), e elas se tornam um recurso importante dos autores apocalípticos.

Ele é o primeiro a ensaiar uma linguagem codificada, característica importante dos textos apocalípticos. Os próprios oráculos contra as nações (capítulos de 26 a 32) vão a essa direção. Você pode comprovar isso comparando Ezequiel 28,1-19 (oráculo contra o rei de Tiro) com o capítulo 18 do Apocalipse (ruína da Babilônia, isto é, Roma).

6. O profeta atalaia

Uma característica bem acentuada e desenvolvida em Ezequiel é a função do profeta enquanto atalaia, ou seja, aquele que está vigiando, sempre atento para transmitir a palavra de Javé. Esse tema começou com Amós (3,7-8; veja, na página 79, "O livro de Amós") e esteve presente em outros profetas, por exemplo, na visão que Jeremias teve do ramo de amendoeira (1,11-12; veja, na página 21, "O livro de Jeremias").

Em Ezequiel é o próprio Javé quem nomeia o profeta enquanto atalaia: "Filho do homem, eu constituí você atalaia para a casa de Israel. Quando ouvir uma palavra de minha boca, você deverá alertá-los em meu nome. Se eu digo ao injusto: 'Você vai morrer!', e você não o alertar, se não falar para que ele se afaste do mau caminho, para que viva, ele morrerá, mas eu vou pedir contas a você da vida dele. Mas se você o avisar, e ele não se arrepender de seu mau caminho, ele vai morrer, mas você salvará a própria vida" (veja 3,16-19).

Nota-se, aqui, como se enfatiza o papel do profeta enquanto responsável pela vida ou pela morte das pessoas. A responsabilidade começa com a palavra do profeta, que adverte em nome de Javé. Isso não anula a responsabilidade de cada pessoa. Todavia, a omissão do profeta é extremamente grave, e sua denúncia pode ser princípio de conversão e de salvação.

7. Temas importantes

Em Ezequiel estão presentes alguns temas que fizeram história. A seguir, salientamos alguns.

- *Responsabilidade pessoal.* O tema se encontra no capítulo 18. Os exilados, baseados em afirmações do passado e do presente, eram tentados a responsabilizar seus antepassados pelo cativeiro que estavam sofrendo (veja, por exemplo, Deuteronômio 5,9: "Eu castigo o pecado dos pais nos filhos, até a terceira e a quarta gerações").

É fácil pôr a culpa nos outros, evitando toda e qualquer responsabilidade. Ezequiel foi enfático: cada um arca com as consequências de suas opções e atitudes. Os exilados usavam este provérbio para se justificar: "Os pais comeram uvas azedas e os dentes dos filhos perderam a sensibilidade". Cada pessoa é responsável pelo bem ou pelo mal. Quem pratica o bem o bem receberá; quem pratica o mal o mal receberá. Isso significa que, se faço o bem, sou o primeiro beneficiado; se pratico o mal, sou o primeiro prejudicado!

- *Pastores e pastor.* O capítulo 34 também é muito importante, a ponto de ser abundantemente usado em uma das grandes festas do tempo de Jesus, a festa da Dedicação do Templo (João 10; veja, no volume 7, "O Evangelho de João").

No exílio babilônico não havia mais monarquia nem liderança alguma (pastores). Ezequiel denunciou fortemente os desmandos dos líderes político-religiosos do passado, pois encabeçaram a lista dos responsáveis pela ruína do povo. E, em nome de Javé, anunciou um tempo em que o próprio Deus seria pastor de seu povo. Jesus tomou para si essa imagem, declarando-se o Bom Pastor (João 10).

Função dos pastores (líderes políticos), no Antigo Testamento, era defender o povo das agressões externas e impedir que internamente o pequeno e o pobre fossem vítimas da ganância dos grandes e poderosos. O exílio babilônico mostrou exatamente o contrário: os pastores cuidaram de seus interesses, lesando os fracos e oprimindo-os. Eis por que Javé declarou-se contra os pastores e prometeu cuidar pessoalmente do rebanho.

- *Deus abandona o Templo.* Ezequiel era sacerdote e, por isso, pessoa ligada ao Templo, onde se supunha que o povo pudesse se encontrar com Deus. Os profetas anteriores a ele – por exemplo Isaías e Jeremias – manifestaram posições contrárias à ideologia veiculada no Templo. Isaías seis dá a entender que basta somente a barra do manto de Javé para preencher o Templo. É inútil, portanto, querer confiná-lo em um espaço físico. Jeremias sete é muito crítico quanto ao Templo de Jerusalém.

Ezequiel segue o mesmo caminho e vai além. No começo de seu livro – em que pese a linguagem apocalíptica nem sempre compreensível com facilidade –, mostra a Glória de Javé, (ou seja, o próprio Deus) abandonando o Templo e tomando a direção do exílio na Babilônia. Deus volta a ser peregrino com o povo, onde o povo se encontra, como tinha sido antes que Salomão lhe construísse o Templo.

- *Coração novo.* Talvez inspirado na nova aliança, anunciada por Jeremias 31,31-34, Ezequiel fala de coração novo, ou seja, uma nova consciência, pois, na cultura do povo judeu, o coração não é sede do afeto ou do sentimento, e sim da cons-

Profetas

ciência, de onde nascem as opções que orientam a vida de uma pessoa: "Eu vou dar a eles um só coração, colocarei em seu íntimo um espírito novo: tirarei do corpo deles o coração de pedra e lhes darei um coração de carne" (11,19). "Atirem para longe as transgressões que cometeram, formem um coração novo e um espírito novo. Por que haveriam de morrer, casa de Israel?" (18,31). "Darei a vocês coração novo, vou pôr no íntimo de vocês um espírito novo. Tirarei do peito de vocês o coração de pedra e lhes darei coração de carne" (36,26).

Resuma a primeira parte, associando os itens da primeira coluna com os da segunda.

Coluna 1	Coluna 2
1. Sacerdote	( ) Título que Deus dá ao profeta Ezequiel
2. Buzi	( ) Qualidade do coração
3. Ano 597	( ) Nome simbólico da cidade de Samaria
4. Cobar	(1) Função religiosa de Ezequiel
5. Filho do homem	( ) Lideranças políticas criticadas pelo profeta
6. Visões	( ) Pai do profeta Ezequiel
7. Oola	( ) Proibição por ocasião da morte da esposa
8. Ooliba	( ) Data da deportação do profeta
9. Luto	( ) Ezequiel profetizava também com eles

10. Pessoal	⑩	○	Rio afluente do Eufrates
11. Pastores	⑪	○	Nome simbólico da infidelidade
12. Novo	⑫	○	Povos que receberam oráculos do profeta
13. Adultério	⑬	○	Característica da responsabilidade
14. Nações	⑭	○	Nome simbólico de Jerusalém
15. Gestos	⑮	○	Modos com os quais o profeta se comunica

Resposta: 5; 12; 7; 1; 11; 2; 9; 3; 15; 4; 13; 14; 10; 8; 6.

II. OLHANDO DE PERTO O LIVRO

1. Antes da queda de Jerusalém (capítulos 1-24)

De modo geral, os capítulos de 1 a 24 pertencem ao período anterior à queda de Jerusalém, acontecida no ano 586. De 1,4 a 3,21, há uma espécie de introdução geral. Começam as "visões" do profeta: em primeiro lugar, o "carro de Javé" 1,4-28; a seguir, a visão do livro (isto é, um rolo de pergaminho), no qual estavam escritos, no verso e no reverso, lamentações, gemidos e prantos. O profeta recebe a ordem de devorar o livro, e assim é investido na missão de profeta e, mais ainda, de atalaia (veja 2,1-3,21).

Tornado profeta, começa a exercer sua atividade junto aos exilados anunciando, por meio de encenações, o cerco de Jerusalém (capítulos 4 e 5). A seguir, denuncia as transgressões de Israel e mais especificamente da capital, Jerusalém. Por causa disso, a Glória de Javé abandona o Templo (10,18-22; 11,22-23).

> **Filho do homem**
> É assim que Deus chama Ezequiel. Quer sublinhar a distância que existe entre Deus e o ser humano. Fora desse livro, essa expressão só se encontra em Daniel 8,17, em que tem conotação messiânica, ou seja, aponta para o futuro Messias. Jesus atribuiu a si esse título, que, entre outras coisas, manifesta sua dimensão humana.

Os gestos proféticos de Ezequiel continuam (capítulo 12), e ele se volta contra os falsos profetas e falsas profetisas (capítulo 13), denuncia a idolatria (capítulo 14) e dá início à descrição da "prostituição" de Jerusalém, esposa de Javé (capítulo 16). Continua, no capítulo 23, com a história simbólica de Samaria (Oola) e de Jerusalém (Ooliba), as duas capitais "prostitutas" porque infiéis ao esposo Javé.

Como foi dito, o capítulo 18 é dedicado à responsabilidade pessoal e, em seguida, o profeta entoa uma lamentação sobre as lideranças políticas de Israel (capítulo 19). Descreve-se abundantemente a história das infidelidades de Israel (capítulo 21) e os crimes de Jerusalém (22,1-12).

Faça você mesmo! Tente descobrir as transgressões da cidade de Jerusalém descritas em Ezequiel de 22,1 a 12. Na primeira coluna, você tem os Dez Mandamentos do livro do Deuteronômio. Associe as duas colunas. Os últimos três mandamentos têm esta sequência: 7, 2, 10.

Deuteronômio 5,7-21

1 Não tenha outros deuses diante de mim.

2 Não pronuncie em vão o nome de Javé, seu Deus...

3 Observe o dia de sábado, para santificá-lo...

4 Honre seu pai e sua mãe...

5 Não mate.

6 Não cometa adultério.

7 Não roube.

8 Não dê falso testemunho contra seu próximo.

9 Não cobice a mulher de seu próximo.

10 Não deseje para você a casa de seu próximo, nem o campo, nem o escravo, nem a escrava, nem o boi, nem o jumento, nem coisa alguma que pertença a seu próximo.

* * * * * * * *

Ezequiel 22,1-12

◯ Ai da cidade que derrama sangue dentro de si mesma e faz chegar a sua própria hora!

1 Ai da cidade que fabrica seus ídolos, para com eles se contaminar!

◯ Aí são desprezados o pai e a mãe...

◯ Você desprezou as coisas sagradas e profanou meus sábados.

◯ Aí existe gente que calunia para derramar sangue...

◯ Aí há gente que mantém relações com a madrasta...

◯ Um pratica imoralidade com a mulher de seu próximo...

◯ Aí existe gente que aceita suborno para derramar sangue.

◯ Você se esquece de mim.

◯ Você explorou o próximo com violência.

Resposta: 5; 1; 4; 3; 8; 9; 6; 7; 2; 10.

A primeira unidade do livro encerra-se com anúncio do cerco de Jerusalém (24,1-14) e com a narração da morte da esposa de Ezequiel, sem que ele possa expressar dor ou luto.

2. Oráculos contra as nações (capítulos 25-32)

À semelhança dos profetas que vieram antes (Amós 1-2; Isaías 13-23; Jeremias 47-51), também Ezequiel tem oráculos contra as nações. Em primeiro lugar, vêm as nações vizinhas de Israel, que se alegraram com o cerco e a destruição de Jerusalém: Amon, Moab, Edom, Filisteia; depois as cidades de Tiro e Sidônia e, por fim, o Egito.

Citação	Contra quem	Motivo
25,1-7	Amon	Ficou contente com a destruição do Templo e de Jerusalém
25,8-11	Moab	Disse que Judá é igual às outras nações
25,12-14	Edom	Vingou-se contra a casa de Judá
25,15-17	Filisteia	Entregam-se à vingança e a praticam
26-28	Tiro	Festejou a destruição de Jerusalém
28,20-23	Sidônia	----
29-32	Egito	O Faraó pretende ocupar o lugar de Deus

Alguém rezou assim

O Salmo 137 é uma oração surgida por ocasião do exílio na Babilônia. Alguém teve a coragem de rezar assim:

À beira dos rios da Babilônia
nos sentamos a chorar,

com saudades de Sião.
Nos salgueiros de suas margens
penduramos nossas harpas.
Lá, os que nos exilaram pediam canções,
nossos inimigos queriam diversão:
"Cantem para nós um hino de Sião!"
Como cantar um canto de Javé
em terra estrangeira?
Jerusalém, se eu me esquecer de você,
que a minha mão direita fique seca.
Se eu não me lembrar de você,
que a minha língua se cole ao céu da boca,
se eu não elevar Jerusalém
ao topo da minha alegria!
Javé, pede contas aos edomitas
no dia de Jerusalém, quando diziam:
"Arrasem a cidade! Arrasem até os alicerces!"
Destruidora capital da Babilônia!
Feliz quem lhe devolver o mal
que você fez para nós!
Feliz quem agarrar e esmagar
seus nenês contra a rocha!

3. Promessas depois da queda de Jerusalém
(capítulos 33-39)

Esta parte continua, de certa forma, o tema das anteriores. De fato, ela se inicia repisando a função do profeta enquanto atalaia (capítulo 33) e contém oráculos contra Edom (capítulo 35) e contra Gog, rei de Magog (capítulos 38 e 39). Mas pode, com razão, ser caracterizada como a parte das promessas. De fato, notamos aí as seguintes características:

1. No capítulo 34, como foi visto acima, o profeta denuncia os desmandos dos pastores (autoridades políticas) e, ao mesmo

tempo, aponta para a intervenção pessoal de Javé: "Eu mesmo vou cuidar de meu rebanho e ocupar-me dele. Como o pastor cuida de seu rebanho, quando está no meio de suas ovelhas dispersas, assim eu cuidarei de minhas ovelhas e vou recolhê-las de todos os lugares por onde se dispersaram em dias de escuridão. Vou tirá-las dentre os povos, reuni-las dentre as nações estrangeiras e reconduzi-las para sua terra, cuidando delas sobre os montes de Israel, nas margens irrigadas de seus arroios... Vou cuidá-las... e elas terão suas pastagens sobre os altos montes de Israel" (34,11-14).

2. A ação simbólica do profeta, que anuncia a reunificação dos dois reinos (37,15-28). Javé pede que Ezequiel tome um pedaço de madeira e escreva nele "Judá e todos os israelitas que estão com ele"; que pegue outro pedaço de madeira e escreva nele "José e toda a casa de Israel que está com ele". Em seguida, Deus lhe pede que junte os dois pedaços de madeira, formando uma coisa só. É um gesto profético que prevê a reunificação do antigo Reino do Norte (aqui chamado de José) e do Reino do Sul (Judá), reacendendo as antigas esperanças do povo.

3. Mas, pelo menos na visão popular, o episódio mais carregado de esperança encontra-se no início do capítulo 37. O profeta é conduzido a um vale repleto de ossos humanos. Evidentemente, esses ossos representam a situação de Israel no exílio. Javé pergunta a Ezequiel se há possibilidade de que essas carcaças voltem à vida. E ordena-lhe profetizar sobre esses ossos ressequidos. Enquanto Ezequiel profetiza, acontece um tremor e escuta-se um ruído. Os ossos começam a se aproximar, cobrir-se de nervos, de carne, de pele, tornando-se seres vivos. E o profeta constata: o espírito penetrou neles e eles viveram, ficaram firmes de pé, formando um imenso exército.

4. Descrição da futura reconstrução do Templo de Jerusalém e do país (capítulos 40-48)

A última parte também aponta o caminho da esperança e do retorno à terra. Sendo sacerdote, Ezequiel projeta um futuro esplendoroso para o Templo e suas festas, para a cidade de Jerusalém e para o próprio país, com a redistribuição da terra. Esses capítulos podem ser chamados de a "Torá" (Lei) de Ezequiel. De fato, ele se esforça por adaptar a legislação antiga à nova realidade, tirando proveito das experiências recentes, de modo que o povo não torne a cair na desgraça do exílio, com a consequente perda da liberdade e da vida.

O livro se encerra com a magnífica visão do Templo, de cujo altar nascem águas sempre mais abundantes, geradoras de vida também onde não há vida, como no mar Morto (capítulo 47).

As últimas palavras de Ezequiel inspiram o final do Apocalipse, com a apresentação da Nova Jerusalém. Refeitos o Templo, o país e a capital, Jerusalém recebe um nome novo: "Javé está ali".

Avaliação
Faça uma avaliação deste estudo do livro de Ezequiel. Anote também os pontos que mereçam aprofundamento.

4
O livro de Daniel

I. ANTES DE ABRIR O LIVRO

1. Um livro escrito em três línguas

Daniel é o único livro da Bíblia, cujo original chegou a nós em três línguas: tem um longo trecho em aramaico (de 2,4 a 7,28), possui acréscimos em grego (3,24-90 e capítulos 13 e 14) e o resto foi escrito em hebraico. A Bíblia dos protestantes e o Antigo Testamento dos judeus excluem os acréscimos em grego (veja, no volume 2, os estudos referentes a Tobias, Judite, Ester e Macabeus). Isso quer dizer que, nas Bíblias católicas, Daniel tem 14 capítulos, ao passo que nas dos protestantes os capítulos são 12.

2. A época do livro de Daniel

Boa parte desse livro narra fatos acontecidos no século VI antes de Cristo, mas não devemos tomar isso ao pé da letra, como tentaremos explicar em seguida.

Nem devemos seguir o pensamento comum, segundo o qual ele seria um livro profético. Alguém certamente ouviu dizer que ele pertence ao grupo dos "profetas maiores" (Isaías, Jeremias, Ezequiel e Daniel). A Bíblia hebraica não o considera profeta, colocando-o entre os "Escritos".

> **A Bíblia hebraica**
>
> A Bíblia hebraica se divide em três grandes blocos, e nós, nesta coleção, aprendemos dos judeus a técnica de memorização de blocos ou conjuntos de livros. Eles usam a palavra **TaNaK**: **T** = Torá (ou seja, os cinco livros do Pentateuco); **N** = Nebiim (isto é, Profetas); **K** = Ketubim (ou seja, Escritos). Para os judeus, Josué, Juízes, 1 e 2 Samuel, 1 e 2 Reis são "Profetas anteriores"; chamam de "Profetas posteriores" aqueles que nós conhecemos como profetas (incluem Jonas e excluem Daniel). Os Escritos são estes: Salmos, Jó, Provérbios, Rute, Cântico dos Cânticos, Eclesiastes, Lamentações, Ester, Daniel, Esdras, Neemias, 1 e 2 Crônicas.

O movimento profético havia cessado há tempo. Supõe-se que o livro de Daniel tenha aparecido entre os anos 167 e 164 antes de Cristo, no tempo em que Antíoco IV Epífanes massacrava a Judeia. Estamos, pois, à distância de mais ou menos 300 anos da atividade de Malaquias, o último profeta a ter suas palavras registradas no Antigo Testamento.

O desaparecimento dos profetas se deve, provavelmente, ao desaparecimento do regime monárquico, pois, desde o profeta Samuel, os reis foram quase que unanimemente responsabilizados pela ruína do povo. E o regime monárquico desapareceu com o início do exílio babilônico (ano 586 antes de Cristo).

Daniel não é livro profético, tampouco histórico. Há nele uma nítida despreocupação com datas e personagens. Por exemplo: Baltazar (5,2) não era filho de Nabucodonosor, mas de Nabônides, e nunca foi rei. E os exemplos se multiplicam.

3. O "pai" do movimento apocalíptico

Daniel é, no Antigo Testamento, a máxima expressão do movimento apocalíptico. Esse modo de escrever, de pensar e de ler a história com olhos de fé no Deus de Israel teve seu esboço inicial nos oráculos contra as nações que lemos em Amós, Isaías, Jeremias e outros profetas e desaguou no movimento apocalíptico dos dois séculos antes de Cristo. A partir dessa época, produziu-se muita literatura nesse campo, mas Daniel é seu único representante no Antigo Testamento (e o Apocalipse no Novo). A importância de Daniel nesse campo é ímpar. Ele influenciou uma geração inteira com seu modo de ler a história e de transmitir o conteúdo dessa leitura.

4. Os apocalípticos e os imperialismos

Examinando de perto a história do povo de Deus, chegamos à conclusão de que a maior parte dela foi vivida sob a ameaça ou o domínio dos grandes impérios. Vejamos: a partir do ano 800 antes de Cristo até 612, o Império Assírio sempre incomodou os israelitas. De 612 a 538, foram os babilônios os grandes opressores dos judeus, e, nesse período, aconteceu o exílio na Babilônia. Do fim do cativeiro babilônico até o ano 333, a Judeia se encontrou sob o domínio dos persas. Vencidos estes, surgiu o Império Grego, que durou até o ano 64 antes de Cristo, quando os judeus mudaram de patrão, dominados pelos romanos até o ano 135 depois de Cristo.

Como se pode ver, praticamente toda a Bíblia surgiu em tempos de dominação imperialista. Os apocalípticos se deram conta disso e deixaram para a humanidade uma mensagem forte e estimulante: Deus não quer que uma nação domine outra, seja qual for a nação dominante ou dominada. A única realidade almejada pelos apocalípticos é o Reino (ou Reinado) de Deus, que deseja liberdade e vida para todos.

Os profetas tinham como alvo de suas denúncias o regime monárquico; os apocalípticos, por sua vez, desmascararam a monstruosidade dos imperialismos de todos os tempos, pois imperialismo é sinônimo de ausência de liberdade e de autodeterminação dos povos; e onde isso acontece, o Reino de Deus não se manifesta.

5. Os apocalípticos e os profetas

Os apocalípticos, portanto, não podem e não devem ser confundidos ou identificados com os profetas. São dois movimentos distintos no tempo e no espaço.

Podemos arriscar sintetizar todo o movimento profético em uma única palavra: denúncia. A maioria dos profetas se encaixa bem nesse conceito. Os apocalípticos vão além da denúncia profética. Eles também podem ser identificados com uma única palavra: resistência. De fato, os textos apocalípticos surgiram em tempos de dura dominação imperialista. Longe de se acomodar, eles estimulavam com seus escritos a resistência.

Foi o que aconteceu com Daniel, surgido no período mais crítico da dominação selêucida, entre os anos 167 a 164, quando Antíoco IV Epífanes, impôs aos judeus a religião, a cultura e os costumes gregos.

6. Os apocalípticos não eram alienados

À primeira vista, os apocalípticos parecem pessoas alienadas, mas é pura impressão. Contando coisas do passado, usando imagens e símbolos fantasmagóricos, tornam seus textos estranhos à pessoa não iniciada. Para entendê-los e para captar a força de sua comunicação é preciso "estar por dentro", ou seja, conhecer suas motivações e seus truques na transmissão da mensagem.

Podemos usar uma imagem já conhecida para esclarecer aquilo que estamos dizendo. Suponhamos que alguém não conheça o que é um coco verde nem tenha saboreado sua água. Se não há quem maneje habilmente o facão e faça uma abertura no coco, essa pessoa será tentada a dizer que esse fruto é algo duro, sem sabor e desprezível. Pior ainda se tentar mordê-lo. Mas se alguém lhe entregar um coco aberto e gelado, o resultado será bem diverso.

Algo semelhante acontece com os textos apocalípticos e seus autores.

7. Os apocalípticos e o Reino de Deus

A mística dos apocalípticos chama-se Reino de Deus. Eles não suportam a dominação de uma pessoa sobre outra, de um grupo sobre outro, de uma nação sobre outra, porque o Reino de Deus se opõe radicalmente a essas dominações.

Os imperialismos, de modo geral, impõem-se e dominam pela força das armas, da cultura, dos costumes etc., de modo que todos devem pensar e agir como pensam e agem os dominadores. O Reino de Deus abomina todas essas coisas e proclama a suprema verdade: Deus criou o ser humano livre, e se não o fosse, também não seria imagem e semelhança dele.

O livro de Daniel e, mais tarde, o Apocalipse propõem esse caminho alternativo. Daniel fala de Reino de Deus, e o Apocalipse termina apresentando a Nova Jerusalém, sem mediações, inclusive a religiosa (ausência de templo), aberta ao mundo inteiro (três portas para cada um dos quatro lados). Esse é o sonho dos apocalípticos, sonho que os imperialismos poderão, sim, retardar, mas não impedir.

8. Alguns truques dos apocalípticos

Na época da cruel dominação de Antíoco IV Epífanes, muitos foram os que deram sua contribuição na resistência conhecida como "a revolta dos Macabeus" (veja, no volume 2, "Os livros dos Macabeus"). São dessa época, por exemplo, os livros de Judite e de Ester, cujos autores usaram um gênero literário diferente dos apocalípticos.

Para transmitir sua mensagem, os apocalípticos usaram alguns truques que só os iniciados conseguem decifrar. É a característica mais saliente de seus textos. Vejamos alguns desses truques que tinham a finalidade de driblar a censura e a vigilância do imperialismo grego sobre o livro de Daniel:

a. *O uso de pseudônimos.* Os autores apocalípticos – com razão – se escondem por trás de um personagem famoso do passado, e assim permanecem anônimos. Além disso, o fato de usar o nome de alguém famoso confere maior credibilidade à mensagem. Mais ainda: o fato de parecer obra de alguém do passado tinha mais chances de não incomodar a vigilância.
b. *O recurso aos sonhos.* O livro de Daniel recorre aos sonhos como forma de transmitir uma mensagem. Evidentemente, trata-se de sonhos construídos, isto é, inventados pelo autor. Mas, no fundo, eles têm a mesma força daquele líder negro norte-americano (Martin Luther King) que dizia: "Eu tenho um sonho" (I have a dream).
c. *O uso de visões.* É outro recurso frequente nos autores apocalípticos. Também, aqui, trata-se de visões construídas, isto é, o autor traduz em visões a leitura profunda que faz da sociedade e do momento em que vive. Quem não está por dentro do assunto acha tudo isso "coisa de louco", de visionário, no sentido pejorativo do termo.
d. *O recurso à linguagem simbólica.* Os textos apocalípticos são altamente simbólicos, e infeliz de quem os toma ao pé da letra. A linguagem simbólica abrange vasto campo: animais, roupas, cores, números, datas, fenômenos cósmicos ou atmosféricos etc. Também nesse caso é preciso tomar esses símbolos não por aquilo que são, mas por aquilo que representam.
e. *"Previsões" de coisas que já aconteceram.* É um recurso que põe em crise quem faz leitura fundamentalista. Os apocalípticos gostam de fazer "previsões", mas não têm a bola de cristal, nem enxergam mais além de quanto enxergam os simples mortais. Eles usam o seguinte critério: recuam alguns anos (ou até séculos), em relação ao tempo em que vivem, e descrevem as coisas acontecidas como se ainda estivessem por acontecer, usando verbos no futuro, quando, na realidade, já são coisas passadas. Não conhecendo o que será amanhã, quando chegam à data em que vivem, declaram "então será o fim". Exemplo: vivendo nos dias de hoje, um apocalíptico recuaria aos inícios do ano 2000 e descreveria como coisa

futura, portanto "previsão", o atentado às Torres Gêmeas de 11 de setembro de 2001. O leitor desatento interpreta isso como previsão; o leitor esperto sabe que isso já aconteceu.

> Divirta-se resumindo esta primeira parte. Escolha um dos itens acima (sugerimos a letra "e") e faça suas "previsões", à semelhança dos autores apocalípticos.
>
> Ou, se quiser, assinale verdadeiro (V) ou falso (F) aquilo que se afirma a seguir:
>
> ( ) **1.** Nas Bíblias católicas, o livro de Daniel é mais extenso do que as Bíblias protestantes.
> ( ) **2.** O texto original de Daniel foi escrito em três idiomas.
> ( ) **3.** O livro de Daniel é um texto rigorosamente histórico.
> ( ) **4.** Ele é um livro profético.
> ( ) **5.** A Bíblia hebraica o situa entre os profetas.
> ( ) **6.** Os autores apocalípticos surgiram após o desaparecimento dos profetas.
> ( ) **7.** Os apocalípticos não toleram os imperialismos.
> ( ) **8.** Os apocalípticos eram pessoas alienadas.
> ( ) **9.** A mística dos apocalípticos é o Reino de Deus.
> ( ) **10.** Os sonhos e as visões dos apocalípticos são construídos, isto é, inventados.
> ( ) **11.** Os apocalípticos costumam descrever coisas passadas como se ainda estivessem por acontecer.
> ( ) **12.** A linguagem simbólica era um simples capricho literário.
> ( ) **13.** O autor do livro de Daniel certamente não se chamava Daniel.
> ( ) **14.** O povo de Deus nunca foi dominado pelos imperialismos.
> ( ) **15.** Não se deve interpretar ao pé da letra os textos apocalípticos.
>
> Resposta: 1. V; 2. V; 3. F; 4. F; 5. F; 6. V; 7. V; 8. F; 9. V; 10. V; 11. V; 12. F; 13. V; 14. F; 15. V

II. OLHANDO DE PERTO O LIVRO

1. Os jovens hebreus na corte de Nabucodonosor (capítulo 1)

O primeiro episódio ambienta-se no exílio da Babilônia, iniciado em 586 antes de Cristo. Na verdade, o autor está falando de seu tempo, a época da cruel dominação de Antíoco IV Epífanes, isto é, entre os anos 167 e 164 antes de Jesus nascer. O rei Nabucodonosor ordenou a Asfenez, chefe dos eunucos, que escolhesse alguns moços israelitas de ascendência real ou nobre, sem defeito, de boa aparência, instruídos na sabedoria, conhecedores da ciência, sagazes e robustos fisicamente. Durante três anos, eles foram educados, antes de servir ao rei. Entre eles estavam Daniel, Ananias, Misael e Azarias, que tiveram seus nomes trocados respectivamente por Baltassar, Sidrac, Misac e Abdênago.

Eles se recusaram a comer as iguarias do rei e a beber de seu vinho. Receberam permissão para um teste durante dez dias: comeriam somente legumes e beberiam apenas água. Se ao final do teste estivessem desnutridos, então eles se submeteriam à dieta do rei.

Passados dez dias, eis que estavam mais bem nutridos que todos os jovens que se alimentavam com a dieta do rei. Foram-lhes então servidos apenas legumes e água durante todo o tempo de sua preparação.

Transcorrido o período de preparação, foram apresentados ao rei Nabucodonosor, que se entreteve com eles e os encontrou melhores do que todos os outros em todos os aspectos. E entraram para o serviço do rei.

* *Transpondo para a época em que foi escrito o livro:* esta história quis incutir nos judeus, dominados por Antíoco IV Epífanes, o apreço pela própria cultura, tradição, costumes e até religião. Os judeus não tinham motivos para se considerarem inferiores aos outros, nem para temer.

2. O sonho de Nabucodonosor (capítulo 2)

O segundo episódio tem Nabucodonosor e Daniel como protagonistas. O rei teve sonhos que o deixaram perturbado, a ponto de não conseguir dormir. Convocou então os magos, adivinhos e encantadores para que lhe recordassem o sonho e dessem sua interpretação.

Os peritos não sabiam adivinhar o sonho do rei e menos ainda dar a interpretação. O rei ficou furioso, pois os especialistas não conseguiam adivinhar o sonho; foram ameaçados de morte. Ao saber disso, Daniel interveio e pediu para falar com o rei. A inspiração divina o acompanhava, e Daniel pôde revelar ao rei o sonho e sua interpretação.

O sonho era assim: o rei viu uma estátua enorme. A cabeça era de ouro fino, o peito e os braços de prata, o ventre e as coxas de bronze, as pernas de ferro, os pés eram parte de ferro e parte de barro. De repente, uma pedra, sem intervenção alguma, bateu contra a estátua e ela se desintegrou, ao passo que a pedra tornou-se uma montanha que ocupou toda a terra. Interpretação: a cabeça de ouro é o rei Nabucodonosor com seu império; depois dele se levantará outro reino, inferior ao primeiro; a seguir, outro mais fraco; as pernas de ferro representam o quarto reino, que, em seguida, se dividirá.

A pedra que se choca contra a estátua representa o Reino de Deus, que pulveriza os impérios e que subsistirá para sempre.

Vivamente comovido e satisfeito, o rei reconheceu que o Deus de Daniel era o Deus dos deuses. E decidiu recompensar Daniel, nomeando-o governador de toda a província da Babilônia, e seus três companheiros foram designados para a administração dos negócios da província da Babilônia.

* Transpondo para a época em que foi escrito o livro:* os judeus não tinham nada a temer. Deus estava com eles, e eles eram mais sábios que seus inimigos. Os grandes impérios do passado e do presente tinham seus dias marcados, e logo despontaria o Reino de Deus.

3. Adoração da estátua de ouro (capítulo 3)

O terceiro episódio narra a construção de uma estátua de ouro por parte de Nabucodonosor, e todos são obrigados a prostrar-se e adorar a estátua. Os três companheiros de Daniel foram denunciados por não acatarem o decreto do rei. Ele os ameaçou: "Se vocês não adorarem a estátua, serão imediatamente atirados na fornalha acesa e ficarão sabendo que nenhum deus poderá livrá-los das minhas mãos".

O rei mandou amarrá-los e atirá-los na fornalha. Passado certo tempo, Nabucodonosor foi olhar a fornalha e, para espanto seu, os três jovens estavam tranquilos em meio às chamas, acompanhados de uma pessoa com aspecto de um filho dos deuses. Bendisse ele o Deus de Sidrac, Misac e Abdênago, ordenando em todo o império o respeito pelo Deus dos três jovens.

Cântico dos três jovens

O capítulo 3 tem um longo acréscimo em grego. Parte desse acréscimo (versículos 52 a 90) compõe-se de um magnífico louvor de toda a criação, representada pelos três jovens na fornalha ardente. O hino tem três partes: **1.** versículos 52-56: louva-se diretamente a Deus; **2.** versículos 57-87: a criação inteira é convidada ao louvor; **3.** versículos 88-90: os três jovens louvam a Deus pela libertação da fogueira.

• Na *primeira parte* (versículos 52-56), louva-se diretamente a Deus. É reconhecido como o Deus dos antepassados, cujo nome é santo e glorioso. Habita no Templo de Jerusalém, está sentado no trono de seu reinado (ou seja, é rei de Israel), conhece o que o ser humano desconhece (abismos), senta-se sobre os querubins no firmamento do céu.

• Na *segunda parte* (versículos 57-87), todas as obras do Senhor são despertadas para louvar o Criador: **a.** as criaturas das alturas: anjos, céus, águas superiores, astros, sol, lua e estrelas (57-63); **b.** os fenômenos atmosféricos: chuva e orvalho, ventos, fogo e calor, frio e ardor, orvalhos e nevascas, gelo e frio, geada e neve, noites e dias, luz e trevas, relâmpagos e nuvens (64-73); **c.** o convite chega ao planeta terra e aos que o compõem ou habitam: montanhas e colinas, tudo o que a terra produz, fontes, mares e rios, baleias e tudo o que vive no mar, aves do céu, animais selvagens e domésticos (74-81); **d.** no centro do planeta terra e como pivô da criação de Deus está o ser humano: criaturas humanas, israelitas, sacerdotes do Senhor, servos do Senhor, espíritos e almas dos justos, santos e humildes de coração (82-87).

• Na *terceira parte* (versículos 88-90), aparecem os três jovens. O motivo do louvor é bem claro: "Deus nos tirou da mansão dos mortos e nos salvou do poder da morte, livrou-nos da chama da fornalha ardente e retirou-nos do meio do fogo", "pois ele é bom e sua misericórdia é para sempre".

* *Transpondo para a época em que foi escrito o livro:* é claro que o autor está falando de Antíoco IV Epífanes, que impôs aos judeus a religião dos gregos e ele próprio se fazia passar por Deus (Epífanes = Manifestação de Deus). Deus protege os que lhe são fiéis.

4. Sonho e loucura de Nabucodonosor (capítulo 4)

Aqui, o próprio Nabucodonosor começa narrando os acontecimentos. O episódio é uma espécie de repetição do capítulo 2. O rei chamou Daniel e lhe contou ter sonhado com uma árvore que cobria toda a terra, estava cheia de frutos e abrigava feras e aves. Uma ordem vinda do céu mandou cortá-la, prendendo o toco com correntes de ferro e bronze, de modo que fosse banhado pelo sereno do céu. Ele perderá o instinto de homem e agirá como as feras por sete anos, por ordem do céu.

Daniel deu uma longa e minuciosa explicação, que pode ser resumida assim: a árvore é o próprio rei e seu império, mas Deus o destruirá. Também o toco que vira bicho representa o rei que, embriagado pelo poder, se torna fera selvagem. Ele só recupera o instinto humano depois de reconhecer que somente Deus é soberano.

Transpondo para a época em que foi escrito o livro: o sonho se referiu ao megalomaníaco Antíoco IV Epífanes, que ambicionava conquistar o mundo e queria ser adorado como Deus. Assim agindo, não passou de animal selvagem, que só recuperou o juízo quando reconheceu a soberania de Deus.

5. O banquete de Baltazar (capítulo 5)

Baltazar – erradamente chamado de rei e identificado como filho de Nabucodonosor – ofereceu um banquete, no qual foram usados utensílios sagrados do Templo de Jerusalém, roubados por Nabucodonosor. Durante o banquete, uma misteriosa mão traçou na parede uns garranchos que ninguém conseguia decifrar. Todos ficaram apavorados. Baltazar prometeu prêmios a quem conseguisse ler e explicar aqueles rabiscos.

Chamaram então Daniel. Recusando os presentes, fez a leitura e deu a interpretação. Estava escrito: "Contado, pesado, dividido". *Contado* significava que Deus já havia contado os dias do reinado, marcando-lhe o fim. *Pesado* queria dizer que Deus pesou o rei, mas faltou peso. *Dividido*: o reino seria dividido e entregue aos medos e aos persas.

Transpondo para a época em que foi escrito o livro: O fato referiu-se à ação de Antíoco IV Epífanes, que saqueava os templos e roubava os objetos sagrados (veja 1 Macabeus 1,16-64; 6,1-5; 2 Macabeus 3,1-40; 5,1-20). A previsão do fim da dominação selêucida encorajava o povo na resistência.

6. Daniel na cova dos leões (capítulo 6)

O episódio fala de Dario, que nomeou em todo o reino cento e vinte governadores de províncias. Esses governadores estavam sob as ordens de três ministros, um dos quais era Daniel, o mais inteligente de todos; fato que suscitou inveja e ciúmes por parte dos outros.

Armaram-lhe, então, uma cilada: pediram ao rei que decretasse a morte de quem, durante um mês, ousasse fazer preces a outro deus que não fosse Sua Majestade. O rei concordou, e Daniel ficou sabendo disso. Violando o decreto, ele continuou fazendo suas preces diárias ao Deus de Israel. Denunciado contra a vontade do rei, deveria ser atirado na cova dos leões.

Foi o que aconteceu, e a entrada da cova foi lacrada pelo rei. No dia seguinte, o rei madrugou e foi à cova dos leões. E Daniel estava vivo, sem um ferimento sequer. O fato agradou ao rei, que mandou jogar aos leões aqueles que haviam tramado contra a vida de Daniel.

* *Transpondo para a época em que foi escrito o livro:* o episódio repetiu um tema visto anteriormente, a pretensão de ocupar o lugar de Deus por parte de Antíoco IV Epífanes. Nas entrelinhas, detecta-se também a competição pelo poder e as manobras para "puxar o tapete" dos outros.

7. Sonho de Daniel (capítulo 7)

O capítulo registra um sonho-visão de Daniel: os quatro ventos agitavam o mar. No meio do mar, apareceram quatro feras enormes. A primeira era semelhante a um leão com asas de águia. As asas lhe foram arrancadas, e as patas se levantaram do chão: a fera ficou de pé como uma pessoa e recebeu um coração de gente. A segunda fera parecia um urso. Estava de pé de um lado só e na boca tinha três costelas entre os dentes. Recebeu a ordem de comer bastante carne. A terceira fera parecia um leopardo, com quatro asas nas costas e quatro cabeças. A quarta fera era terrível, com enormes dentes de ferro, com os quais comia e esmagava tudo, pisando aquilo que sobrava. Tinha dez chifres. No meio desses dez chifres, apareceu um chifre pequeno. Os três chifres mais próximos ao pequeno foram arrancados para deixar-lhe espaço. Nesse chifre, havia olhos humanos e uma boca que proferia palavras arrogantes.

Daniel viu tronos e um Ancião sentado. Ele vestia roupa branca, e seus cabelos eram brancos como a lã. Seu trono era como chamas de fogo, com rodas de fogo em brasa. Da frente dele, brotava um rio de fogo. Milhões e milhões de seres o serviam. Começou a sessão, e os livros foram abertos.

Aquele chifre pequeno continuava gritando insultos. A fera foi morta e despedaçada, queimada no fogo. As outras três feras perderam o poder.

Entre as nuvens do céu, Daniel viu alguém semelhante a um filho de homem. Chegou perto do Ancião e foi conduzido a sua presença. Ele recebeu poder eterno, glória e reino indestrutível, e o mundo inteiro o serviu.

* *Transpondo para a época em que foi escrito o livro:* o sonho-visão de Daniel é uma leitura da história dominada pelos imperialismos. A história é representada pelo mar, e as quatro feras são os quatro impérios que dominaram a região a partir do século VII até o tempo em que foi escrito o livro. O leão simboliza o Império Babilônico; o urso representa o Império da Média; o leopardo é símbolo do Império Persa; a quarta fera é o Império Grego. Os dez chifres são os reis selêucidas, e o chifre pequeno é Antíoco IV Epífanes.

O Ancião é Deus, servido pela corte celeste. Nos livros estavam registradas as ações das pessoas. O julgamento da história está começando. O filho de homem representa o povo fiel, que recebe de Deus o reino que jamais acabará.

8. Visão de Daniel (capítulo 8)

Daniel teve outra visão. Encontrava-se em Susa, à beira do rio Ulai. Ele viu um carneiro com chifres altos, e um chifre era mais alto do que o outro, apesar de ter aparecido por último. O carneiro dava chifradas para o poente, para o norte e para o sul. Nenhum mal lhe resistia.

Ele viu também, vindo do poente, um bode voador, com um chifre entre os olhos. Ele atacou o carneiro, quebrando--lhe os chifres e pisando-o no chão. O bode seguia vencendo, quando seu grande chifre se quebrou, brotando em seu lugar quatro chifres, cada um voltado para os quatro pontos cardeais. De um desses chifres nasceu um chifre pequeno, que cresceu em direção ao sul, para o leste e em direção da terra de Daniel. Cresceu até alcançar as estrelas, derrubando algumas e pisando-as. Desafiou o Comandante do exército do céu, abolindo os sacrifícios. Dois santos conversavam sobre o tempo que isso duraria e chegaram à conclusão de que duraria duas mil e trezentas tardes e manhãs.

Transpondo para a época em que foi escrito o livro: o chifre quebrado do bode representa a morte de Alexandre Magno, fundador do Império Grego, que, após sua morte, foi disputado por seus quatro generais (quatro chifres). O chifre pequeno, que cresceu em direção ao sul e atacou a terra de Daniel, é Antíoco IV Epífanes. Ele tomou Jerusalém, suprimiu os sacrifícios do Templo e introduziu nele a estátua de Zeus (Júpiter), a divindade suprema da religião grega, enfrentando assim o próprio Deus (Comandante do exército do céu); mas seus dias ficaram contados.

9. As setenta semanas (capítulo 9)

Quanto tempo durou a dominação de Antíoco IV Epífanes? Nesse capítulo, Daniel se pôs a pesquisar as profecias de Jeremias, acerca dos anos em que Jerusalém devia permanecer em ruínas – eram setenta anos –, e a rezar. Ainda estava rezando quando lhe apareceu Gabriel, com o intuito de ajudá-lo a desvendar o tempo: "Setenta semanas foram determinadas para seu povo e sua cidade santa, para fazer cessar a transgressão, selar o pecado, expiar o crime, para trazer uma justiça perene, até se realizarem a visão e a profecia e ser ungido o lugar santíssimo".

Transpondo para a época em que foi escrito o livro: A profecia das setenta semanas quer dizer duas coisas importantes: 1. A opressão não durará para sempre. 2. Será necessário retomar a cada dia o compromisso de resistir, pois disso depende o fim da dominação de Antíoco IV Epífanes.

Profetas

"Dando nomes aos bois"
Identifique os simbolismos e relacione:

1. Mar	①	○	Império Persa
2. Leão	②	○	Império da Média
3. Urso	③	○	Império Babilônico
4. Leopardo	④	①	A história
5. Fera terrível	⑤	○	Antíoco IV Epífanes
6. Dez chifres	⑥	○	Império Grego
7. Chifre pequeno	⑦	○	Alexandre Magno
8. Bode	⑧	○	Reis selêucidas

Resposta: 4; 3; 2; 1; 7; 5; 8; 6.

10. A grande visão: a cólera e o fim (capítulos de 10 a 12)

Os capítulos de 10 a 12 encerram a narração do livro de Daniel em hebraico. Dois temas são importantes: o tempo da cólera (10,1-11,39) e o tempo do fim (11,40-12,13). Daniel continuou tendo visões. Após longo jejum, viu um homem vestido de linho com um cinto de ouro. Seu corpo era como pedra preciosa, e sua face parecia relâmpago; os olhos assemelhavam-se a lâmpadas acesas, e os braços e as pernas brilhavam como um bronze polido; sua voz era como o grito de imensa multidão.

Daniel viu o anjo Gabriel, cuja aparição revelou aos homens o que Deus queria transmitir. Ele garantiu que Deus se revelava aos pequenos e afirmou ter estado em companhia de Miguel, o anjo protetor de Israel, a combater o anjo protetor dos persas.

A partir de 11,2 é feito um resumo dos reis desde os tempos de Ciro até Antíoco IV. O texto narra os acontecimentos como se ainda não tivessem sucedido. Fato é que estamos no tempo de Antíoco IV e aproximam-se rapidamente a vitória final e o tempo do fim.

Tentando examinar o futuro, o autor prevê a intervenção do anjo Miguel, o protetor de Israel. A luta não será apenas luta do povo, pois Deus combaterá com seu aliado. O tempo da perseguição será de três anos e meio (tempo que durou a perseguição de Antíoco IV). Mas, apesar de parecer um tempo longo, é simplesmente metade de sete, portanto, um tempo limitado. A vitória desponta já no horizonte, e até os mortos despertarão: uns para a vida eterna, outros para a vergonha eterna.

11. Acréscimos em grego (capítulos 13 e 14)

Os capítulos 13 e 14 são acréscimos gregos ao livro de Daniel. Aí são narrados estes acontecimentos:

1. *O episódio de Susana.* Susana foi vítima de uma armadilha diabólica, tramada por parte de dois juízes sem escrúpulos. Eles a cobiçavam e planejaram agarrá-la enquanto tomava banho no jardim. Recusando-se a satisfazer os desejos deles, foi levada ao tribunal sob acusação de adultério. Condenada à morte, foi salva pela intervenção do jovem Daniel, que desmascarou as tramas dos dois juízes perversos, condenando-os.

2. *O ídolo Bel.* O episódio narra como Daniel desmascara o ídolo babilônico chamado Bel. Daniel era o mais íntimo amigo do rei Ciro, mas não admitia que Bel fosse Deus. Então o rei lhe mostrou como Bel consumia diariamente comida e bebida em abundância. A estratégia de Daniel deu certo: ele espalhou cinza por todo o templo de Bel, antes que o rei lacrasse a porta de entrada. Durante a noite, os sacerdotes com seus familiares entraram por uma porta secreta e recolheram os alimentos oferecidos a Bel. De manhã, quando o rei foi averiguar o que havia acontecido no templo de Bel, pegadas humanas davam conta de que os alimentos haviam sido tirados pelos sacerdotes e seus familiares. Os fraudadores pagaram com a própria vida, e Bel foi destruído junto com seu templo.

3. *O dragão divinizado.* Havia um dragão enorme adorado pelos babilônios. Daniel recusou-se a adorá-lo, pois só adora ao Senhor seu Deus. E pediu licença ao rei para matar o dragão, sem espada ou porrete. Recebida a permissão, Daniel fez uns bolos de piche, sebo e crinas, atirando-os na boca do dragão, que os comeu e se arrebentou. O fato irritou os babilônios, que obrigaram o rei a atirar Daniel na cova dos leões por seis dias. Os leões comiam diariamente duas pessoas condenadas à morte e duas ovelhas. Mas nessa ocasião, não os alimentaram, de modo que devorassem logo Daniel. Havia na Judeia um profeta chamado Habacuc. Um anjo do Senhor o agarrou pelos cabelos juntamente com as marmitas que levava aos trabalhadores na roça, e o conduziu à Babilônia, onde estava Daniel, para que almoçasse. No sétimo dia, o rei foi chorar a morte de Daniel, mas Daniel estava sentado tranquilamente entre os leões. O rei então mandou retirá-lo da cova e jogar aí aqueles que planejaram sua morte. Os leões os devoraram em um instante.

Avaliação
Faça uma avaliação desse estudo de Daniel, observando, sobretudo, a época e o estilo do livro. Daniel é muito importante para compreender o livro do Apocalipse. Não se importe tanto com as minúcias, e sim com a mensagem.

5
O livro das Lamentações

I. ANTES DE ABRIR O LIVRO

1. Títulos

Como acontece com os livros do Pentateuco, também no livro das Lamentações, em hebraico, a palavra com a qual inicia seu título é *Ecá*. Trata-se de uma pergunta (*Como?*), carregada de admiração e de espanto, querendo dizer: "Como foi possível..."?

A tradução grega conhecida como LXX lhe deu por título *Threnoi (Threni)*, palavra que significa "Lamentação fúnebre". A tradução latina seguiu o caminho da tradução grega, chamando esse livro de *Lamentationes*, de onde vem o título português *Lamentações*.

2. Localização

Nas Bíblias em português, o livro, normalmente, está situado depois do profeta Jeremias, porque, segundo uma antiga tradição, Jeremias seria seu autor. Na Bíblia Hebraica, todavia, situa-se depois do livro do Eclesiastes e não é colocado no bloco dos livros proféticos, mas no conjunto dos Escritos (a Bíblia Hebraica está dividida em três grandes unidades: Lei, Profetas e Escritos. Essa divisão costuma ser chamada **TaNaK**: **T**: Torá = Lei; **N**: Nebiim = Profetas; **K**: Ketubim = Escritos). Na Bíblia Hebraica, o livro das Lamentações forma um bloco de textos conhecido como "Cinco Rolos", lido nas grandes festas dos judeus. Os "Cinco Rolos" são: Lamentações, Ester, Daniel, Esdras+Neemias e 1-2 Crônicas.

3. Autor

Uma antiga tradição atribuía a Jeremias a autoria do livro das Lamentações. Essa tradição se baseava no segundo livro das Crônicas (35,25): "Jeremias escreveu uma lamentação acerca do rei Josias. Ainda hoje todos os cantores e cantoras cantam essa lamentação, e o fato se tornou um costume em Israel. Esses cânticos se encontram nas Lamentações".

Muitos estudiosos duvidam que Jeremias tenha sido o autor do livro das Lamentações, e seus argumentos não são insignificantes. De fato, vários temas defendidos pelo livro das Lamentações estão em contradição com o pensamento do profeta. Jeremias tinha uma postura nitidamente contrária ao Templo de Jerusalém (veja, por exemplo, o capítulo 7 de Jeremias); o profeta nunca aconselhou que se esperasse socorro vindo do Egito; jamais apoiou a política do rei Sedecias; nunca falou do esgotamento do movimento profético etc.

Por sua vez, o livro das Lamentações deplora a destruição do Templo (veja, por exemplo, 1,10); 4,17 menciona o Egito como aliado da última guerra; 4,20 demonstra que toda a confiança do povo estava depositada no rei Sedecias, chamado de "ungido de Javé" e "sopro de nossas narinas", ou seja, o rei era visto como a própria vida do povo.

Não é possível, portanto, chegar a uma resposta exata a respeito do autor desse livro.

4. Data

O livro das Lamentações tem como tema a destruição da cidade de Jerusalém, o consequente desaparecimento do Reino do Sul (Judá) e a deportação de sua população para o cativeiro na Babilônia. Isso se deu a partir do ano 587/586 antes de Jesus nascer. O livro deve ter surgido pouco tempo depois, e seu título em português (Lamentações) revela muito bem o estado de ânimo de seu autor e a desolação que provocou esse texto.

> **Jeremiar/jeremiada**
> Em português, há um verbo interessante, inadequadamente ligado ao profeta Jeremias: jeremiar, que significa "lamuriar, choramingar, queixar-se, resmungar, lamentar-se". Por quê? Tradicionalmente, atribuiu-se a Jeremias a autoria do livro das Lamentações, o que não é verdade. Na maioria das Bíblias, o livro das Lamentações vem logo após o de Jeremias e, depois de Lamentações, as Bíblias católicas, geralmente, apresentam o livro de Baruc. Lendo Jeremias, você constatará que o clichê de choramingão não tem nada a ver com ele.

5. Um livro profético?

O fato de, em nossas Bíblias, estar situado no bloco dos profetas não significa que o livro das Lamentações seja um texto profético. Como vimos, a Bíblia Hebraica o insere no conjunto chamado Escritos. Trata-se de uma poesia muito bem elaborada, difícil de classificar. O título em português define, aproximadamente, sua principal característica: uma lamentação, o desafogo do coração diante de algo inesperado e sequer imaginável, como foi a destruição da capital Jerusalém. É um lamento pela perda do centro aglutinador do povo de Deus, a agonia da alma de um povo.

Os capítulos 1, 2 e 4 são classificados como cantos fúnebres; o capítulo 3 é uma lamentação individual, e o capítulo 5, uma lamentação coletiva (em algumas traduções chamada de "Oração de Jeremias").

6. Um texto alfabético

Os quatro primeiros capítulos são os que estudiosos chamam de alfabéticos, talvez com o objetivo de ajudar na memorização. No primeiro capítulo, cada versículo se inicia com uma das 22 consoantes do alfabeto hebraico, em ordem crescente, de *alef* a *taw*; são, portanto, 22 versículos. O segundo capítulo segue o esquema do primeiro. No terceiro, cada letra do alfabeto hebraico abrange três versículos, perfazendo um total de 66. O quarto capítulo segue o esquema dos dois primeiros. A quinta lamentação (capítulo 5) não é alfabética.

7. O livro na piedade popular

Lamentações é esquecido na liturgia. Chama a atenção o texto cantado pela Verônica na procissão do Senhor Morto da Sexta-feira Santa. A cena se apoia em uma das estações da via-sacra, quando Verônica enxuga o rosto de Jesus, e este a recompensa, imprimindo-lhe no pano a própria sagrada face. Na procissão do Senhor Morto, Verônica mostra ao povo o pano, enquanto canta o que está escrito em Lamentações 1,12: "Vós todos que passais pelo caminho olhai e vede se existe dor igual a minha dor".

Avalie a primeira parte deste estudo, assinalando verdadeiro (V) ou falso (F) nas seguintes afirmações:

( ) **1.** O título *Lamentações* vem do latim, que, por sua vez, vem do grego.
( ) **2.** É fora de dúvida que o autor de *Lamentações* é o profeta Jeremias.
( ) **3.** O livro das *Lamentações* é um texto ausente na liturgia.
( ) **4.** Os primeiros quatro capítulos do livro são alfabéticos.
( ) **5.** O livro das *Lamentações* se situa, normalmente, depois do profeta Jeremias.

( ) **6.** Os acontecimentos de 587/586 a.C. são o motivo do surgimento do livro.

( ) **7.** O livro das *Lamentações* está presente na piedade popular da Sexta-feira Santa.

Resposta: 1F; 2F; 3V; 4V; 5V; 6V; 7V.

II. OLHANDO O LIVRO DE PERTO

1. Primeira lamentação (capítulo 1)

O capítulo 1 inicia com a primeira lamentação sobre Jerusalém; a outrora grande cidade, a primeira entre as nações, agora está tomada e destruída. A humilhada grita sua dor. Jerusalém é a viúva sozinha abandonada a chorar sua desgraça. O povo sofre e padece por causa de sua infidelidade para com o Senhor e por causa de seus numerosos crimes. Diante de tamanha desgraça, o povo toma consciência de suas culpas, e, a seu lamento, soma-se um pedido de perdão.

Em forma de exercício, faça uma leitura comparativa entre o capítulo 1 do livro das Lamentações (Lm 1,1-22) e a leitura do capítulo 62 do livro de Isaías (Is 62,1-12), anotando as principais oposições entre os dois textos.

Lm 1,1-22   Is 62,1-12

2. Segunda lamentação (capítulo 2)

A segunda lamentação continua o tema da primeira até o versículo 7, mas carrega tintas em relação à primeira, reforçando a ideia de que a destruição de Jerusalém é fruto da ira divina (veja o exercício seguinte).

Profetas

Resuma os versículos de 1 a 9, associando as condições das partes de Jerusalém (se preciso, use a Bíblia).

Parte		Condição
1. A glória de Israel (2,1)	❶	Javé não retirou.
2. As moradas de Jacó (2,2)	❷	Javé derramou seu furor como fogo.
3. Toda a força de Israel (2,3)	❸	Javé os rejeitou.
4. Sobre a tenda da filha de Sião (2,4)	❹	O Senhor destruiu sem piedade.
5. Os palácios e as fortalezas (2,5)	❺ ❶	O Senhor precipitou sobre a terra.
6. O rei e o sacerdote (2,6)	❻	O Senhor abateu no furor de sua ira.
7. Os muros de seus palácios (2,7)	❼	Destruiu e arrasou.
8. Sua mão destruidora (2,8)	❽	Derrubou-as por terra.
9. Suas portas (2,9)	❾	Entregou nas mãos do inimigo.

Resposta: 8, 4, 6, 2, 1, 3, 5, 9, 7.

A partir do versículo 18, o autor convida a cidade de Jerusalém (e, portanto, todo o povo) a clamar ao Senhor. Observe isso de perto, sublinhando os verbos na forma imperativa do texto que se segue: "Deixa teu coração gritar ao Senhor... Deixa derramar rios de lágrimas... Não te permitas descanso... Levanta-te de noite e grita... Derrama como água o teu coração... Ergue a Deus as tuas mãos..."

3. Terceira lamentação (capítulo 3)

Na terceira lamentação, a cidade de Jerusalém cede o lugar a uma pessoa anônima que muito se assemelha ao profeta Jeremias: zombado, perseguido, preso, obrigado a morrer de modo miserável. Essa pessoa atribui tudo isso ao próprio Deus. Confira você mesmo, completando alguns versículos deste capítulo. 1. Eu sou um homem ....
.... 4. Ele consumiu
...., despedaçou..................................
7. Cercou-me com..
.... 13. Cravou em meus rins........................
.... 15. Saciou-me de ....
....

Em seguida, deixe-se mover pela esperança; demonstre ter consciência do erro, e o mal se tornará ocasião para a conversão, associada à súplica por si e contra os inimigos.

4. Quarta lamentação (capítulo 4)

A quarta lamentação continua os temas das duas primeiras, trabalhando com os opostos: aquilo que Jerusalém era antes e a realidade atual. Exemplo: o ouro mais puro tornou-se sem brilho; as pedras sagradas foram espalhadas (4,1); aqueles que comiam iguarias desfaleceram pelas ruas; aqueles que se criaram na púrpura apertaram-se no lixo (4,5) etc.

5. Quinta lamentação (capítulo 5)

Em algumas Bíblias, é chamada "Oração de Jeremias" e está muito próxima dos Salmos 44 e 74. É uma súplica comovente para que Javé se lembre do povo e tenha compaixão dele, terminando com as clássicas perguntas: que motivo há para que o Senhor se esqueça para sempre do povo, abandonando-o definitivamente? A rejeição por parte de Deus teria sido total? Sua ira não teria fim?

6
O livro de Amós

I. O VAQUEIRO QUE VIROU PROFETA: CONHECENDO A VIDA DO PROFETA AMÓS

A atividade do profeta Amós aconteceu no tempo em que Jeroboão II governou o Reino do Norte (também chamado de Israel), ou seja, de 783 a 743 antes de Jesus nascer, e Ozias governou o Reino do Sul (também chamado de Judá), de 781 a 740 antes de Jesus nascer. Vamos conhecer a vida de Amós em forma de entrevista.

Observação: As citações entre parênteses estão relacionadas com o tema. Onde não se indica o livro, trata-se do livro de Amós.

- *Amós, você mesmo pode se apresentar.*

Amós: Eu sou do Reino do Sul, de Técua (1,1), uma pequena cidade não muito longe de Belém, 20 quilômetros ao sul de Jerusalém. Minha região se chama Sefelá e é própria para a criação de gado. Desde pequeno, aprendi a lidar com vacas, por isso sou conhecido como vaqueiro (4,1-3). Além disso, eu cultivo figueiras (8,1-3) e sei quando os figos estão maduros.

- *Você é conhecido como o primeiro profeta escritor...*

Amós: Sim, mas eu não escrevi nada. Minhas palavras, em nome de Deus, contra as injustiças e em defesa dos pobres do campo foram tão fortes e causaram tamanho impacto nas pessoas, que ficaram gravadas na memória do povo por muito tempo. Mais tarde, para não perdê-las, meus amigos e simpatizantes resolveram escrevê-las. E assim surgiu o livro do profeta Amós.

- *Como foi que de vaqueiro você se tornou profeta?*

Amós: Eu não era profeta nem filho de profeta (7,14). Mas, em um certo momento de minha vida, senti algo muito forte e estranho: alguém me disse que eu deveria falar em nome de Deus, denunciando tudo o que estava acontecendo de errado. Esse alguém era o próprio Deus, Javé. Não é possível descrever aquilo que senti: eu fui como que arrastado, envolvido, obrigado a profetizar. E não pude resistir ou dizer não. Quem não treme quando depara com um leão rugindo? Quem não profetizará se o Senhor Javé falou? (3,8).

- *Você falou de "filho de profeta". O que isso significa?*

Amós: A profecia era, muitas vezes, algo que passava de pai para filho, uma espécie de hereditariedade. Havia, portanto, grupos ou corporações de profetas, nem sempre fiéis ao espírito da profecia.

- *Explique isso melhor!*

Amós: Alguns grupos de profetas moravam no palácio do rei e eram por ele sustentados. Costumava-se chamá-los de "profetas da corte". Evidentemente, esses profetas só falavam e prediziam o bem para seus patrões (veja 1 Reis 22,5-12). Entretanto, quem estava a serviço do Senhor Javé teria de ser porta-voz de Javé, ou seja, dizer o que Deus mandava dizer,

O livro de Amós

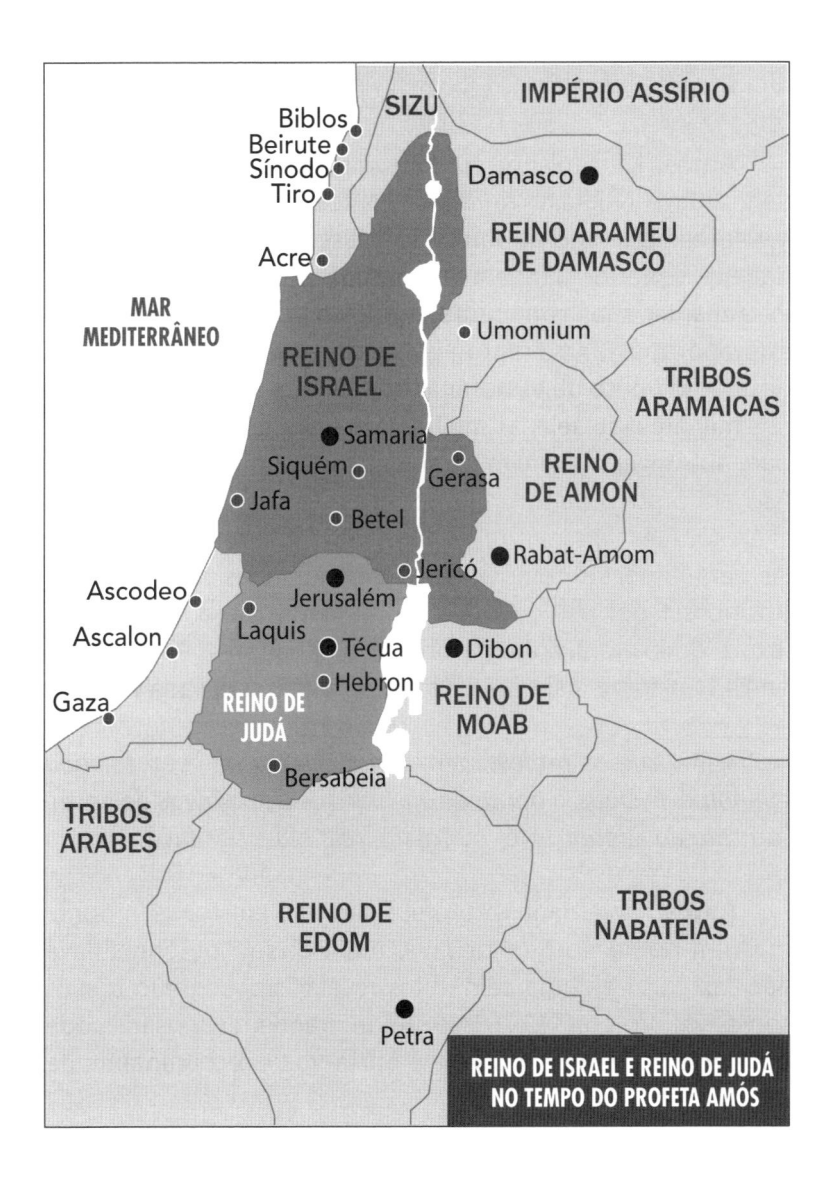

**REINO DE ISRAEL E REINO DE JUDÁ
NO TEMPO DO PROFETA AMÓS**

Locais indicados no mapa:

- IMPÉRIO ASSÍRIO
- SIZU
- Biblos
- Beirute
- Sínodo
- Tiro
- Damasco
- REINO ARAMEU DE DAMASCO
- Acre
- MAR MEDITERRÂNEO
- Umomium
- REINO DE ISRAEL
- TRIBOS ARAMAICAS
- Samaria
- Siquém
- Gerasa
- REINO DE AMON
- Jafa
- Betel
- Jericó
- Rabat-Amom
- Ascodeo
- Jerusalém
- Ascalon
- Laquis
- Técua
- Dibon
- Hebron
- Gaza
- REINO DE JUDÁ
- REINO DE MOAB
- Bersabeia
- TRIBOS ÁRABES
- REINO DE EDOM
- TRIBOS NABATEIAS
- Petra

doesse em quem doesse. Isso se tornava muito mais grave quando o profeta tinha de denunciar as injustiças do chefe de Estado, como foi no meu caso.

• *Você é do Sul. Por que foi profetizar no Reino do Norte?*

Amós: Não foi por vontade minha, mas por ordem do Senhor Javé. No Reino do Norte, cometiam-se muitas e graves injustiças no tempo de Jeroboão II. Esse rei construiu um verdadeiro império, comparável ao império de Davi e Salomão. Para manter suas conquistas, fortaleceu o exército, de modo que ano após ano eram necessários muitos soldados. Chegou-se ao ponto de explorar a fecundidade das mulheres para fins militares, ou seja, as mulheres deviam gerar muitos filhos para abastecer o exército de soldados. Quem mais sofria com isso era o povo da roça, que perdia a força dos filhos para o exército. Além disso, o rei exportava muitos produtos agrícolas para importar quinquilharias e bugigangas para o deleite dos ricos. É por isso que a capital, Samaria, tornou-se local de luxo e de exploração dos pobres trabalhadores. Por aí vocês percebem como a situação do povo da terra era cada vez pior.

• *Por que os profetas têm tanta certeza de estar falando em nome de Deus, a ponto de afirmar que as palavras deles são "oráculo do Senhor Javé" ou "assim fala o Senhor Javé"?*

Amós: O verdadeiro profeta não fala em nome próprio, mas em nome do Senhor Javé. Além disso, "o Senhor Javé não faz coisa alguma sem antes revelar seu segredo a seus servos, os profetas" (3,7). Isso supõe grande responsabilidade por parte do profeta, pois ele é porta-voz e representante da vontade de Deus.

• *O profeta é saudosista ou semeador de utopias?*

Amós: Nem saudosista nem semeador de utopias. O profeta é alguém que tem dupla ligação: com Deus e com o povo. De Deus ele é porta-voz; do povo, sua caixa de ressonância. O profeta tem presente que é possível uma sociedade de iguais, pois foi isso que o povo de Deus experimentou em sua época de ouro: o tempo dos Juízes. Nesse tempo, não havia desigualdade nem concentração de bens. É esse tempo maravilhoso de partilha entre todos que o profeta deseja ver realizado em seu tempo e para o futuro. Quando as coisas não são assim, o profeta não se cala, a fim de não ser cúmplice das injustiças e traidor do projeto de Deus.

- *Você fala de "visões". Teve de fato visões?*

Amós: Às vezes, o profeta tem visões, mas não se trata de ver coisas que os outros não veem. Ele vê aquilo que todo mundo vê, mas sua visão não depende somente dos olhos, pois ele vai às raízes dos problemas. Por exemplo: todos veem um pobre; o profeta, porém, desenterra as raízes que geram a pobreza. De fato, lendo as visões de Amós, vocês notam que não se trata de realidades extraterrestres. São coisas do cotidiano lidas em profundidade.

- *O profeta prevê o futuro?*

Amós: Não! O profeta não tem bola de cristal. Uma de suas características é a capacidade de ler em profundidade os acontecimentos. Por exemplo: eu previ que o Reino do Norte acabaria destruído pelos inimigos e o povo seria levado para o exílio. Não era difícil perceber o futuro de uma nação que não cuidava de seu povo. Nesse sentido, o profeta prevê o que pode acontecer amanhã, se hoje não se tomarem medidas preventivas para evitar o pior. Eu previ o exílio. Mas, como dizem vocês, "estava na cara". Só não enxergava quem não queria. Vocês, por exemplo, podem prever como será o amanhã se continuarem poluindo as águas.

• *Voltando a sua atividade. Por que você foi a Betel? O que havia lá?*

Amós: Já contei algo do regime de Jeroboão II, marcado por muita ganância geradora de desigualdade e de exclusão. O fato mais lamentável e que agravava a situação era o apoio que a religião dava a tudo isso. Desde o ano 931, com a divisão do império de Salomão, o primeiro rei do Norte, que também se chamava Jeroboão, construiu dois santuários dentro do reino, para que o povo não fosse mais ao Templo de Jerusalém. Esses santuários situavam-se em Dã, ao norte, e Betel, ao sul. Esses lugares de culto eram patrocinados pelo rei, e os sacerdotes defendiam em nome da religião tudo que o rei fizesse. Eu fui a Betel para falar em nome do Senhor Javé contra esse tipo de religião. Fui expulso pelo sacerdote Amasias, que me disse: "Você não pode profetizar em Betel, porque é santuário do rei, um templo do reino" (7,13).

• *Você fala do "Dia de Javé" e alerta o Reino do Norte a se preparar para o encontro com o teu Deus (4,12). Qual o sentido disso?*

Amós: O "milagre econômico" da administração de Jeroboão II fazia o povo acreditar que, em breve, Deus se manifestaria e levaria a nação a um patamar jamais visto, incluindo a dominação dos povos vizinhos. Pura alienação das elites, pois, por trás desse "milagre", havia um mar de injustiças. Em nome de Deus, eu anunciei o Dia de Javé coincidindo com a destruição de Samaria, a capital, e o exílio de sua população (5,18-20). O encontro do Reino do Norte com seu Deus não seria um encontro pacífico, mas de punição.

• *Você não acha deselegante chamar as mulheres de "vacas de Basã"? (4,1).*

Amós: Em primeiro lugar, eu sempre tive carinho para com as vacas de meu rebanho, pois sou vaqueiro. Cuidei e cuido delas do melhor modo possível. Meu sonho é ter, em meu rebanho, vacas de Basã, pois são animais de excelente qualidade. Eu sei que muitos viram em minha fala algo depreciativo em relação às mulheres. Eu não queria dizer isso. Quando chamei as mulheres ricas de Samaria de "vacas de Basã", eu queria me referir àquelas mulheres sadias, fortes e ricas às custas da exploração dos pequenos e fracos. De fato, eu disse que essas mulheres "oprimiam os fracos e esmagavam os indigentes". Enfraquecendo sempre mais os pequenos para se tornarem cada dia mais ricas, atiçaram a cobiça dos povos vizinhos. Aconteceu como eu tinha dito: quando a capital foi tomada, as elites foram as primeiras a puxar a fila para o exílio.

- *Você tem esperança?*

Amós: Sim, eu tenho esperança, mas ela não cai do céu. A mudança de atitude gera a esperança. Para mim, era inútil esperar que o exílio não acontecesse se não houvesse mudança de vida. Como dizem vocês, "a esperança é a última que morre". Das cinzas do desterro pode brotar formosa flor. Um de vocês cantou inspirado: "Quem sabe faz a hora, não espera acontecer".

***

No ano 722 antes de Jesus nascer, "o rei da Assíria invadiu todo o país e, durante três anos, sitiou a cidade de Samaria. No nono ano de Oseias, rei de Israel, o rei da Assíria tomou Samaria e deportou Israel para a Assíria, estabelecendo-o em Hala e às margens do Habor, rio de Gozã, e nas cidades da Média" (2 Reis 17,5-6).

II. OLHANDO DE PERTO O LIVRO

1. As nações diante do tribunal de Javé: quem é o pior? (1,3-2,16)

O livro de Amós começa com o comparecimento de sete nações (às vezes, representadas pela capital). Encontramos sempre a acusação de um crime e a sentença, sem perdão. As acusações são violações dos direitos humanos. Deus sente-se lesado nos crimes contra os povos. Os ouvintes de Amós, no Reino do Norte (Israel), certamente se alegraram ao escutar a acusação e a sentença dos povos vizinhos. Amós, porém, foi esperto e reservou uma grande surpresa.

Primeiro acusado: a cidade de Damasco (Síria). Acusação: destruiu as terras férteis e as plantações de Galaad. Sentença: condenação.

Segundo acusado: a cidade de Gaza (Filisteia). Acusação: deportação de populações inteiras. Sentença: condenação.

Terceiro acusado: a cidade de Tiro (Fenícia). Acusação: entregar populações inteiras. Sentença: condenação.

Quarto acusado: o país de Edom. Acusação: perseguir à espada seu irmão, sem ter misericórdia. Sentença: condenação.

Quinto acusado: o país de Amon. Acusação: abrir o ventre das mulheres grávidas de Galaad para alargar o próprio território. Sentença: condenação.

Sexto acusado: o país de Moab. Acusação: queimar os ossos do rei de Edom. Sentença: condenação.

Sétimo acusado: o país de Judá. Acusação: desprezar a lei de Javé e cair na idolatria. Sentença: condenação.

Sete é o número da totalidade. Os ouvintes de Amós certamente vibraram de alegria, sobretudo pelo fato de que o sétimo país foi Judá, ou seja, o Reino do Sul. Então, quem é o pior? Aqui está a surpresa de Amós: o pior estava por vir, e se chamava Israel (ou Reino do Norte).

Oitavo acusado: Israel. Acusação: uma longa ficha corrida: vender o justo por dinheiro e o indigente por um par de sandálias; esmagar no chão a cabeça dos fracos; entortar o caminho dos pobres; aborrecer o sábado e as festas por não poderem roubar, mas, mesmo assim, tramar nesses dias o mal; fazer da mulher objeto sexual; não devolver a roupa penhorada; beber vinho daqueles que estão sujeitos a multas; fazer os nazireus quebrar os votos; impedir os profetas de profetizar. *Agravante:* Israel foi o único entre todos a receber cuidados especiais por parte de Deus (Amós não reconhece a Judá esse privilégio): ter sido libertado da escravidão do Egito. Sentença: condenação (3,1-2).

Exercício
Leia 3,3-8 (a vocação de Amós) e 7,10-17 (a missão do profeta) e anote suas descobertas.

2. As provas da culpa de Israel (3,9-6,14)

a. Samaria, a capital, estava cheia de opressão e roubos.

b. Betel era puro luxo conseguido às custas da exploração e da religião oficial (santuário do rei, veja 7,13).

c. As damas da capital se enriqueceram pisando os fracos e esmagando os indigentes.

d. Houve recusa de mudança de vida diante dos castigos: fome, seca, pragas na lavoura, doenças etc.

e. Vista grossa foi feita diante da injustiça (5,10), oprimindo o fraco, cobrando dele imposto sobre o trigo, para construir as próprias mansões.

f. O poder judiciário foi corrompido mediante suborno.

g. A religião foi suporte da injustiça (5,21-27).

h. Falsas seguranças foram alimentadas, como se Deus aprovasse tudo isso (5,18-20; 6,1-6).

Execução da sentença: o exílio (6,7), terrível punição (6,8-14).

Exercício
Leia 3,9-6,14 e descubra outras provas. Anote-as aqui:

3. Cinco visões (7,1-9; 8,1-9,10)

Primeira visão: os gafanhotos. Depois que o capim foi cortado pela primeira vez – o primeiro corte pertencia ao rei –, Amós viu uma nuvem de gafanhotos prontos a devorar o capim que rebrotou e pertencia ao povo do campo. O profeta intercedeu junto ao Senhor Javé, e Deus prometeu que isso não iria acontecer.

Segunda visão: A seca. Amós viu as terras ressecadas por grande incêndio. Não sobrou nada. O profeta intercedeu junto ao Senhor Javé, e Deus prometeu que isso não iria acontecer.

Terceira visão: O fio de prumo. Amós viu um fio de prumo na mão do Senhor Javé. O profeta se calou, não intercedeu.

Quarta visão: O cesto de figos maduros. Amós viu um cesto cheio de figos maduros, pois o povo "estava maduro" para o exílio. O profeta se calou, não intercedeu.

Quinta visão: Amós viu Javé perto do altar. Ele disse ao profeta: "Bata no alto das colunas para fazer tremer os umbrais. Quebre a cabeça de todos. Que o resto eu matarei pela espada". O profeta se calou, não intercedeu.

> **Para aprofundar**
> Pesquise ou partilhe com outros a seguinte questão: por que o profeta intercede nas duas primeiras visões e se cala nas restantes? Por que Javé poupa as duas primeiras visões e não as três últimas? Para esclarecer mais, leia 8,4-14.

4. A esperança é a última que morre (9,11-15)

As últimas palavras de Amós são de esperança. O futuro do povo não é desaparecer no exílio, mas desfrutar de liberdade e vida na própria terra. O anúncio de esperança contempla os seguintes passos:

a. Reconstrução do reino de Davi (versículos 11-12).
b. Prosperidade do povo, resumida em fertilidade extraordinária do solo e reconstrução das cidades (versículos 13 e 14).
c. Ocupação sem-fim da própria terra (versículo 15).

7
O livro de Baruc

I. ANTES DE ABRIR O LIVRO

1. Um livro deuterocanônico

Junto com o livro da Sabedoria, o Eclesiástico, os dois livros dos Macabeus, o livro de Judite e o livro de Tobias, o livro de Baruc (= Bendito, Benedito, Abençoado, Bento) é chamado de deuterocanônico, isto é, aprovado como livro inspirado em um segundo momento, quando ficou definido quais eram e quais não eram os livros a serem considerados como Sagrada Escritura e Palavra de Deus. Por ter chegado a nós escrito em grego, esse livro só se encontra nas Bíblias dos católicos, sendo rejeitado como não inspirado pelas Bíblias protestantes.

Algumas partes desse livro devem ter um original hebraico que se perdeu. É o caso da longa oração (1,15-3,8).

2. Localização

O lugar ocupado pelo livro de Baruc varia de Bíblia para Bíblia. A Bíblia Hebraica o rejeita; a Bíblia Grega, conhecida como LXX, situa-o entre o livro de Jeremias e o livro das Lamentações; a tradução latina, conhecida como Vulgata, coloca-o depois do livro das Lamentações. Este é, normalmente, seu lugar nas Bíblias em português.

3. Quem é seu autor?

Na introdução do livro (1,1-14), diz-se que foi escrito por Baruc, secretário do profeta Jeremias, seu porta-voz e amigo (veja Jeremias 32; 36; 43), e o lugar onde surgiu seria a Babilônia, no tempo em que os judeus aí estavam exilados (o exílio começou no ano 586 e terminou no ano 538 antes de Jesus nascer).

Que valor dar a essa informação? Nenhum! De fato, o autor do livro se esconde por trás de um personagem famoso do passado, com isso pretendendo dar maior credibilidade a seu escrito. Além disso, na época de Jeremias (fim do século 7º e começo do 6º antes de Cristo), a língua grega sequer era conhecida na Palestina.

4. Época e motivos do livro de Baruc

Sendo um livro escrito em grego, é descabido pensar que tenha surgido na época nele descrita, isto é, no tempo do cativeiro na Babilônia. Os estudiosos hoje em dia estão propensos a uma data bem próxima do Novo Testamento, entre os anos 100 e 50 antes de Cristo. Ele seria, portanto, um dos livros mais jovens do Antigo Testamento.

É normal, então, perguntar: suponhamos que tenha surgido uns 50 anos antes de Jesus nascer. Por que, então, o autor se situa séculos atrás? Qual teria sido sua real motivação? Com certeza, podemos afirmar que, falando de coisas passadas, o autor na verdade estava se referindo ao tempo em que ele vivia. Não tendo certeza acerca da época em que foi escrito, há muita dificuldade em determinar a situação que está por trás do texto e o que o provocou. Examinando cada uma de suas partes, será possível vislumbrar algo da situação.

5. Um livro profético?

Baruc não é um livro profético, embora seja difícil classificá-lo, visto que cada uma de suas partes possui estilo e características diferentes. Talvez seja melhor não pretender classificá-lo nem como profético nem como sapiencial, respeitando cada uma de suas partes, com suas características.

6. Como está organizado

Baruc tem as seguintes partes: introdução (1,1-14); oração (1,15-3,8); poema sapiencial (3,9-4,4); trecho profético (4,5-5,9); carta de Jeremias (capítulo 6). Este último capítulo é por muitos considerado um texto à parte.

> Após ler essa pequena introdução do livro de Baruc, assinale verdadeira (V) ou falsa (F) cada uma das seguintes afirmações:
>
> ( ) **1.** Baruc foi escrito em hebraico, por isso se encontra nas Bíblias protestantes.
> ( ) **2.** É impossível que o livro tenha surgido no tempo do cativeiro na Babilônia.
> ( ) **3.** O autor do livro foi secretário, porta-voz e amigo do profeta Jeremias.
> ( ) **4.** Trata-se de um dos livros mais jovens do Antigo Testamento.
> ( ) **5.** O livro pode ser classificado como profético.
> ( ) **6.** O capítulo 6 é chamado "Carta de Jeremias", e alguns estudiosos o consideram um texto à parte.

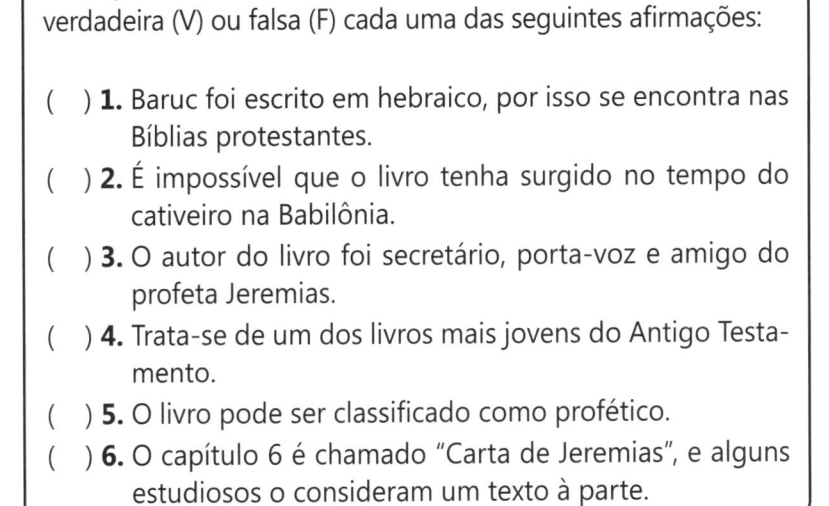

Resposta: 1.F; 2.V; 3.V; 4.V; 5.F; 6.V.

II. OLHANDO O LIVRO DE PERTO

1. Introdução (1,1-14)

A introdução é de tipo narrativo. Supõe que existam duas comunidades judaicas, uma em Jerusalém e outra na Babilônia. A comunidade judaica de Jerusalém esteve sob o comando de um sumo sacerdote, que liderou sacerdotes e leigos. Na comunidade judaica da Babilônia, estavam presentes o rei

Jeconias, os príncipes, os anciãos e o povo em geral. Era uma construção ideal, mostrando a situação das duas comunidades. Os judeus na Babilônia fizeram uma coleta para enviá-la à comunidade judaica de Jerusalém. Baruc, que se encontrava entre os exilados, recuperou os objetos roubados do Templo para devolvê-los a Jerusalém. A coleta foi acompanhada de uma breve carta, explicando seu objetivo: comprar holocaustos, vítimas expiatórias, incenso e ofertas para serem oferecidas sobre o altar do Templo de Jerusalém. Além disso, pediram-se orações pela saúde de Nabucodonosor, rei da Babilônia, por seu filho Baltazar e pela comunidade dos exilados na Babilônia.

2. Oração (1,15-3,8)

A oração, que se segue, é sugerida pela comunidade dos exilados, destina-se à comunidade judaica de Jerusalém e expressa os sentimentos de ambas; seu conteúdo é uma confissão de pecados, no estilo de outras orações presentes em outros livros do Antigo Testamento (por exemplo, Esdras 9; Neemias 9; Daniel 9 e Salmos 50-51). As duas comunidades tinham uma história em comum (a libertação do Egito) e também a relutância em fazer a vontade do Senhor (1,19.21-22). A catástrofe que sobreveio ao povo, isto é, o exílio na Babilônia, foi fruto dessa relutância; o Senhor, simplesmente, cumpriu as ameaças pronunciadas contra o povo, quando este foi rebelde a sua vontade. Inocenta-se, dessa forma, o próprio Deus, mostrando que os males são frutos da rebeldia e desobediência do povo.

Os versículos 11-18 (capítulo 2) se voltam para a súplica. O povo reconheceu não ter méritos diante de Deus. Por isso suplicou que o libertasse não por merecimento, mas "por tua honra" (versículo 14).

Os versículos 19-35 insistem que a súplica não se apoia nos direitos dos antepassados e das autoridades políticas; pelo contrário, desobedecendo às orientações do profeta Jeremias, que pregava a submissão ao rei da Babilônia, os reis de Judá desobedeceram a Deus, que cumpriu todas as ameaças pronunciadas por meio de seus servos, os profetas. Por isso sobreveio o exílio, e o povo ficou reduzido a uns poucos, espalhados entre as nações. Todavia, o exílio produziu um fruto importante: o arrependimento que desembocou na libertação e no retorno à pátria.

A longa oração termina reforçando o pedido de libertação (3,1-8): "Senhor, olha! Estamos vivendo no exílio, para onde nos dispersaste. Fizeste de nós motivo de zombaria e de maldição, para que assim paguemos os delitos de nossos antepassados, que se afastaram de ti".

3. Poema sapiencial (3,9-4,4)

Terminada a oração, temos um poema sapiencial. Abra sua Bíblia no capítulo 3 de Baruc e responda com o próprio texto às seguintes perguntas:

1. Por que Israel se encontra em terra inimiga?

2. O que teria acontecido se Israel tivesse permanecido no caminho de Deus?

3. Onde estão os poderosos que governavam as nações?

4. Quem conhece o caminho da Sabedoria?

5. Onde a Sabedoria se manifestou?

6. O que é a Sabedoria?

7. Diante disso, o que Israel (Jacó) deve fazer?

Resposta 1. (versículo 12); Resposta 2. (versículo 13b); Resposta 3. (versículo 19); Resposta 4. (versículo 32a); Resposta 5. (versículo 38); Resposta 6. (4,1a); Resposta 7. (4,2-3).

4. Texto profético (4,5-5,9)

Este trecho tem muita semelhança com os capítulos de 40 a 66 do profeta Isaías. É um texto de salvação e de consolo. Sobressai a imagem bem conhecida do matrimônio entre Deus (o esposo) e Jerusalém (esposa) = povo. Deus é o pai que a todos deu vida, e Jerusalém é a mãe do povo, fecunda, porque fiel a seu marido. Enquanto pai, Deus exige respeito e corrige (castiga) seus filhos a fim de educá-los. A mãe é toda compaixão, mesmo que os filhos lhe deem dor de cabeça. De acordo com a cultura daquele tempo, a autoridade para perdoar e restabelecer está nas mãos do pai, e não nas da mãe. Esta tem como missão aconselhar os filhos e interceder por eles junto ao marido.

Abandonada pelo esposo, a cidade de Jerusalém é qual viúva, cuja situação se agrava por não ter perto de si os filhos que foram levados para o exílio na Babilônia. Apesar disso, ela se mostra confiante e pressente a proximidade da salvação. Ela se dirige às vizinhas (as capitais dos povos vizinhos, versículos 9-16) e aos filhos (versículos 17-29). Às vizinhas alerta: "Que ninguém se alegre vendo esta viúva abandonada por todos" (versículo 12); aos filhos pede coragem: "Coragem, filhos! Clamem a Deus para que os livre do poder inimigo" (versículo 21).

5. Carta de Jeremias (capítulo 6)

O capítulo 6 é também conhecido como "Carta de Jeremias" aos exilados na Babilônia, a qual, junto com o Salmo 115, é a mais contundente crítica da idolatria; mais ainda no caso do capítulo 6 de Baruc, pois se trata de uma sátira que não poupa nada. O longo capítulo repete, em forma de refrão, algo semelhante a isto: "Por esse motivo não se deve pensar ou dizer que são deuses". O refrão aparece após cada crítica de um aspecto das divindades que os judeus irão encontrar na Babilônia: a língua e os adornos desses deuses que não podem livrar-se da ferrugem (versículos 7-14); esses deuses não servem para nada (versículos 15-22); deuses privados de vida e que custam caro (versículos 23-28); deuses incapazes de qualquer ação em favor do ser humano (versículos 29-39); deuses incapazes de se defender das agressões (versículos 40-44); são fabricados por mãos humanas (versículos 45-51); deuses incapazes de nomear um rei ou de fazer cair a chuva (versículos 52-56); eles não podem escapar dos ladrões (versículos 57-64); eles não abençoam nem amaldiçoam (versículos 65-68); são como espantalhos na plantação (versículos 69-72).

8
O livro de Oseias

I. UMA VISITA À FAMÍLIA DE OSEIAS

Entre os anos 755 e 722 antes de Jesus nascer, viveu no Reino do Norte, também chamado de Israel ou Efraim, a família do profeta Oseias, que conhecemos de perto em forma de entrevista. Ele, sua esposa e seus três filhos nos receberam cordialmente. Sentamos no chão, em torno de farta "mesa": um rico tapete coberto de produtos da região: frutas da planície de Jezrael, vinho, pães e bolos deliciosos, iguarias preparadas com o melhor azeite do lugar.

(As citações bíblicas que não trazem o nome do livro referem-se ao livro do profeta Oseias.)

• *Bom dia, sentinela de Deus em Efraim... (9,7).*
Oseias: Que bom ser chamado assim, ser reconhecido como profeta de Deus. Vamos sentar. Estávamos a sua espera... Se você soubesse como sou chamado por aqui... O menos ruim é "louco", "maluco" (9,7). Isso para não falar de como atacam minha moral, ofendem minha esposa e meus três filhos...

• *Entendo, entendo... O povo daqui não tem jeito; sua língua corre solta...*
Oseias: Não são apenas palavras. Eles me armam emboscadas para acabar comigo em todos os caminhos; até no santuário sou malvisto e odiado... (9,7).

• *Então você tem a mesma sorte de Amós...*
Oseias: Sim, mas ele voltou para sua terra, ao passo que eu moro aqui, pertenço ao Reino do Norte.

• *Quais são os motivos de tamanha hostilidade?*
Oseias: São muitos. Não é fácil ser profeta, sentinela de Deus, quando se tem de dizer coisas que não agradam às autoridades políticas nem às religiosas. Além disso, a situação particular de minha família...

• *Explique isso melhor...*
Oseias: Sinto-me um tanto constrangido, mas já conversamos bastante em família sobre esse assunto, de modo que a verdade acerca de nós já não dói tanto quanto a verdade acerca da sociedade em que vivemos. Deus me pediu para casar com Gomer, mesmo sabendo que mais tarde ela não me seria fiel. Casei e tivemos três filhos... (1,2-3,5).

Gomer: Também para mim a dor maior é perceber que o povo não entendeu o mais importante, ou seja, que a nossa relação tumultuada era uma espécie de miniatura de uma relação mais ampla, a relação entre Deus e seu povo.

Jezrael: Eu sou o filho mais velho desta família, e meu nome soa estranho para meus colegas e amigos. Em nossa língua, ele significa "Deus semeia". As frutas que estão sobre a mesa foram cultivadas na famosa planície de Jezrael. Para nós, essa planície significa fertilidade do solo. É como se fosse semeada pelo próprio Deus. Mas meu nome tem outro objetivo. Deus pediu a meu pai chamar-me assim, para eu ser memória viva do massacre que o rei Jeú fez nesta planície, matando irmãos de raça. Deus não se esqueceu disso e logo pedirá contas desse sangue derramado. Essa planície será o lugar da derrota de nosso Reino (1,4-5). Entretanto a esperança não morrerá, pois Deus um dia voltará a abençoar nossa terra (2,24-25).

Lo-Ruhamah: Eu sou Lo-Ruhamah, a filha do meio. Em nossa língua, meu nome significa "Não-Amada" ou "Aquela de quem não se tem piedade". Minhas amigas estranham o nome que me deram. Então eu explico: foi Deus quem ordenou a meu pai chamar-me assim. Meu nome é um alerta, um aviso: A relação amorosa entre Deus e seu povo chegou ao fim. Em breve, nosso Reino será destruído, sem piedade (1,6-7). Contudo a esperança não morrerá, pois um dia Deus terá compaixão de nós e voltará a nos amar (2,25).

Lo-Ammi: Eu sou o caçula da família. Em nossa língua, meu nome significa "Não-Meu-Povo". Meus amigos estranham o nome que me deram. Então eu explico: foi Deus quem ordenou a meu pai chamar-me assim. Também meu nome é um alerta: a Aliança entre Deus e o povo foi rompida. Deus está insatisfeito com seu parceiro, de modo que ele não é mais "nosso Deus", e nós não somos mais "seu povo" (1,9). Todavia a esperança não morrerá, pois um dia a Aliança será refeita, e Deus de novo nos chamará "meu povo", e nós o chamaremos "nosso Deus".

• *Agora entendo um pouco mais: a relação entre vocês, Oseias e Gomer, e os nomes dos filhos são símbolos que apontam para uma realidade mais profunda. São um retrato daquilo que está acontecendo entre o povo e Deus...*

Oseias: É isso mesmo. Mas, como disseram meus filhos, há sempre esperança de restauração da Aliança. Também meu nome indica isso, pois significa "Javé salva". O exílio está às portas; Samaria, nossa capital, será destruída pelos assírios, mas isso não será o fim de tudo. Eu tenho esperança e anuncio a restauração de nosso país: "Vamos voltar a Javé: ele nos despedaçou, mas nos curará; ele nos feriu, mas vai curar nossa ferida... no terceiro dia ele nos levantará, para que possamos viver diante dele" (6,1-2).

Gomer: Você não imagina o que faz uma pessoa apaixonada. Meu marido foi extremamente criativo para me conquistar para sempre. Apesar de minhas infidelidades, ele não se cansava de me amar e me conquistar. Comparo o modo de ele agir com as ondas do mar: elas vão e voltam. As idas representam os momentos de indignação, de raiva; mas não existe ida sem volta, ou seja, logo em seguida, a raiva se transforma em ternura, afeto, sedução, até eu decidir: "Quero voltar para o meu primeiro marido; naquele tempo eu era muito mais feliz que agora" (2,9).

Oseias: É verdade. O amor de minha esposa era como o orvalho da manhã ou como nuvem passageira (6,4). Mas eu não desisti. Para mim, se ela voltasse, todo o passado seria esquecido para sempre (2,22). Seria como se nada tivesse acontecido. Ela seria para mim uma virgem pura, só minha. Decidi, então, seduzi-la, levá-la ao deserto e conquistar o coração dela (2,16).

> **Reino do Norte, Israel ou Efraim**
>
> Com a morte do rei Salomão (931 antes de Jesus nascer), seu reino dividiu-se. Dez tribos ao norte se juntaram, formando o Reino do Norte, às vezes chamado também de Israel ou Efraim (sobretudo no livro de Oseias) e até de José (por exemplo, no livro de Amós). Efraim foi um dos filhos de José, e é também o nome de uma das doze tribos. Duas tribos ao sul formaram o Reino do Sul, também conhecido como Judá. Nem sempre "Israel" significa Reino do Norte.
>
> Lendo o livro de Oseias, várias vezes encontramos referências a Judá, ou seja, ao Reino do Sul. Como entender isso, se o livro de Oseias foi produzido no Reino do Norte e para ele? A resposta parece ser esta: o Reino do Norte desapareceu no ano 722 antes de Jesus nascer, quando Samaria, a capital, foi destruída pelos assírios e o povo levado ao cativeiro. O Reino do Sul sobreviveu até o ano 586 antes de Cristo. O livro de Oseias foi conservado pelos do sul, recebendo muitos retoques. Quando Judá agia como Efraim, acrescentava-se uma referência ao Reino do Sul; quando agia diferentemente de Efraim, acrescentava-se algo diferente para Judá.
>
> No texto original, o hebraico, o livro de Oseias não se encontra em bom estado de conservação. Muitas palavras são incompreensíveis, e as traduções nem sempre combinam entre si.

II. OLHANDO A SOCIEDADE DO TEMPO DE OSEIAS

A visita que fizemos à família de Oseias deixou claro que a situação deles é uma metáfora ou símbolo da sociedade daquele tempo. Para entender melhor a mensagem do "sentinela de Deus" no Reino do Norte e por que lhe armavam atentados pelo caminho, é importante conhecer a situação denunciada pelo profeta.

1. Do ponto de vista político

Há muito tempo, Jeroboão II governou o Reino do Norte (783-743). Aproveitando a fraqueza militar das duas grandes potências da época (Egito e Assíria), esse rei dilatou seu território o máximo possível, construindo um império. Para manter essa política expansionista, necessitou potenciar a "indústria bélica", provocando uma verdadeira "corrida armamentista": soldados, cavalos, carros de guerra e armas. O livro de Oseias toca esse assunto, dizendo: "Visto que você confiou em seus carros de guerra e na imensidão de seus soldados, um grito de guerra se levantará contra suas cidades e suas fortalezas serão destruídas" (10,13-14).

Para obter o maior número possível de guerreiros, Jeroboão II lançou mão de um artifício cruel, explorando a fecundidade das mulheres mediante ritos e cultos de fecundidade. Dessa forma, depois de duas décadas, muitos rapazes engrossavam as fileiras do exército do rei, formando desse modo uma "multidão de guerreiros".

Na época de Jeroboão II, para expandir seu território, o Reino do Norte entrou em guerra com o Reino do Sul pela disputa do território da tribo de Benjamim. Foi uma guerra entre irmãos, apoiada pelas potências estrangeiras: "Efraim oprime, pisa no direito, persegue a mentira... Efraim foi procurar a Assíria, Judá enviou mensageiros ao grande soberano. Mas não é ele quem lhes dará a saúde, não é ele que vai curar as chagas que vocês têm. Pois eu serei um leão para Efraim, eu serei um filhote de leão para a casa de Judá..." (5,11-14).

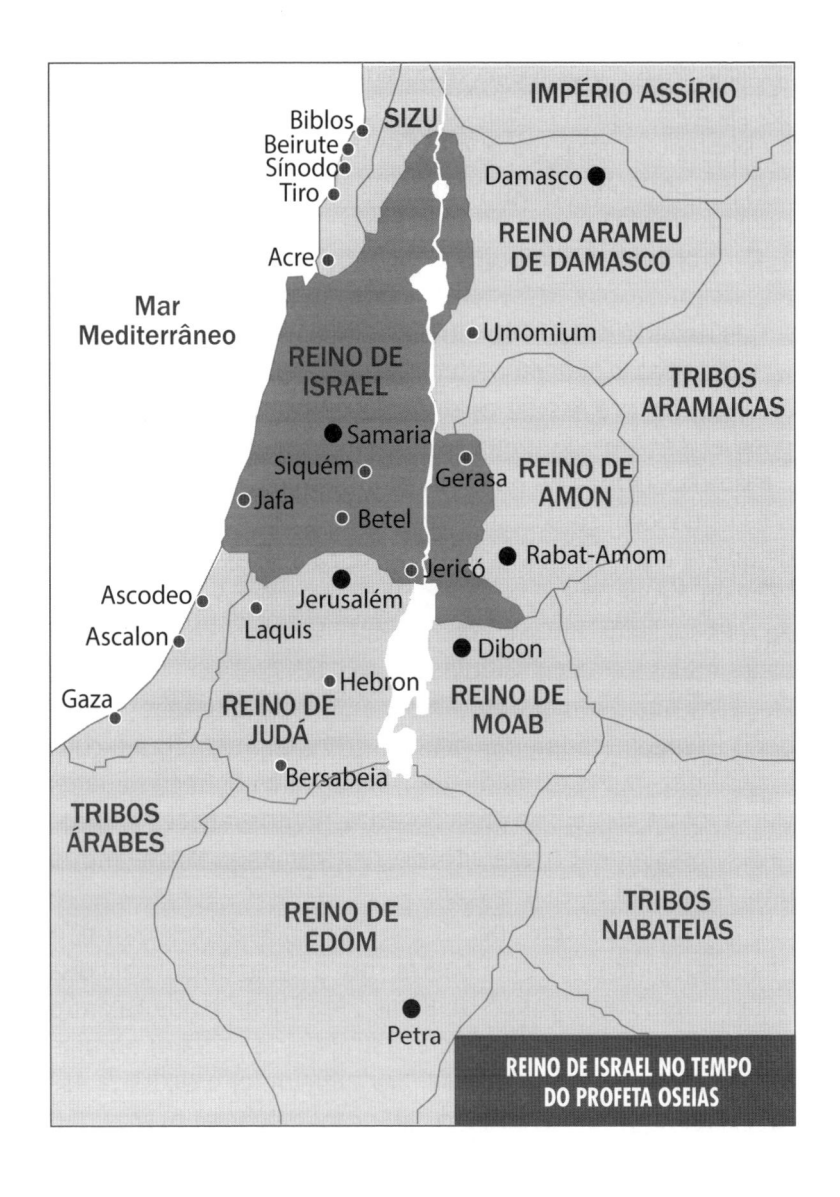

Profetas

REINO DE ISRAEL NO TEMPO DO PROFETA OSEIAS

- IMPÉRIO ASSÍRIO
- Biblos
- Beirute
- Sínodo
- Tiro
- SIZU
- Damasco
- REINO ARAMEU DE DAMASCO
- Acre
- Mar Mediterrâneo
- Umomium
- REINO DE ISRAEL
- TRIBOS ARAMAICAS
- Samaria
- Siquém
- Gerasa
- REINO DE AMON
- Jafa
- Betel
- Jericó
- Rabat-Amom
- Ascodeo
- Jerusalém
- Ascalon
- Laquis
- Dibon
- Gaza
- Hebron
- REINO DE MOAB
- REINO DE JUDÁ
- Bersabeia
- TRIBOS ÁRABES
- REINO DE EDOM
- TRIBOS NABATEIAS
- Petra

2. Do ponto de vista religioso

No Reino do Norte, sempre existiu o culto aos deuses cananeus, chamados baais. Às vezes, esse culto se mostrava forte, às vezes menos. Baal era o deus da fecundidade da terra e do seio. Era ele que permitia engravidar e dar à luz. A chuva que caía sobre a terra era vista como o esperma da divindade, gerador de vida nova.

Os cultos cananeus da fertilidade do solo e do seio foram habilmente explorados por Jeroboão II para fins bélicos. As festas da fertilidade eram concorridas e se transformavam em ocasião de acasalamento como ato sagrado.

O livro de Oseias fala de infidelidade conjugal e até de adultério. É uma linguagem simbólica que denuncia os cultos de fecundidade cananeus, aos quais o povo foi induzido por iniciativa de Jeroboão II. A relação entre Deus e seu povo, ou seja, a Aliança, foi rompida nesse processo. O povo de Deus sempre acreditou que a fecundidade do solo e do seio era fruto da bênção de Javé, o Deus criador. Atribuir essa crença aos baais foi a mesma coisa que ser infiel à Aliança, ser adúltero.

O mais grave de tudo isso foi a religião de Javé servir de apoio à política expansionista e exploradora do rei. Desde a criação do Reino do Norte (931 antes de Jesus nascer), foram criados dois santuários locais que favoreciam a política do rei. Quem os criou foi Jeroboão I, primeiro rei do Reino do Norte. Os santuários situavam-se em Dã (ao norte) e Betel (ao sul).

Jeroboão I modificou também as festas com suas datas, para evitar que o povo fosse a Jerusalém para as festas, levando ofertas. Queria com isso impedir a evasão de divisas. Esse foi um dos motivos que provocaram as denúncias de Oseias.

O profeta Amós foi enviado a Betel para denunciar o tipo de religião aí praticado, suporte para a política do rei. Também Oseias se voltou contra Betel pelos mesmos motivos (6,10; 12,5). Ele chamou Betel (que significa "casa de Deus") de Bet-Áven. Essa palavra significa "Casa da Mentira, do Crime". No campo da sexualidade, a palavra "áven" significa "virilidade, fecundidade". Chamar Betel de Bet-Áven (4,15) significou, portanto, denunciar a religião como suporte da política do rei Jeroboão II: "Não subam a Bet-Áven, não jurem por Javé... Efraim se aliou aos ídolos... estão entregues à prostituição... preferiram a vergonha à dignidade. Um furacão carregará tudo sobre suas asas, e eles vão ficar envergonhados de seus sacrifícios" (4,17-19). O furacão de que fala o profeta é a queda de Samaria, a capital, acontecida a partir de 721 antes de Cristo.

3. Do ponto de vista econômico

O expansionismo militar do Reino do Norte trouxe consigo outro problema. Para alimentar a corrida armamentista, era necessário muito dinheiro. A solução encontrada foi exportar muitos bens, sobretudo produtos vindos da agricultura. Exportavam-se produtos de primeira necessidade para importar produtos que atendiam aos caprichos das elites. O peso maior incidia sobre o povo da roça, que devia produzir para manter os poderosos, além de perder seus filhos para o exército. Some-se a isso a motivação religiosa da qual falamos acima, que explorava a fecundidade das mulheres em vista dos interesses do rei.

Aos poucos, os camponeses foram se empobrecendo. Não sabemos se Oseias estava ligado ao povo da roça ou não. A verdade é que ele se posiciona claramente ao lado dos camponeses em nome de Deus. As muitas imagens e símbolos tirados da vida do campo denotam sua preocupação com os camponeses.

"Apelidos"

Veja que "apelidos" Oseias dá a seu país: "Israel é uma novilha brava" (4,16); "Efraim é uma pomba ingênua" (7,11); "Efraim é um bolo que não foi virado" (7,8); "Efraim é um jumento solitário" (8,9); "Israel era uma parreira exuberante" (10,1); "Efraim é uma novilha mansa" (10,11).

4. Quem são os responsáveis por tudo isso?

Oseias apontou dois responsáveis pela crise: o rei Jeroboão II (poder político) e os sacerdotes (poder religioso). Do poder político (rei), o profeta disse o seguinte: a monarquia iria desaparecer (3,4); os poderosos se tornaram uma armadilha para o povo, pois fomentaram a corrupção e violação do direito, coisa que o profeta chamou de prostituição (5,1-3); os donos do poder político seguiram os conselhos dos sacerdotes, tramando golpes de Estado (7,3-7); o castigo que pesou sobre o poder político foi cair em poder do rei da Assíria (11,5); caído em poder do rei assírio, o rei de Efraim não podia salvar-se nem salvar a outros (13,9-11).

Como pôde Oseias afirmar isso em nome de Deus? A resposta parece ser esta: ele percebeu que a Assíria estava se tornando uma potência internacional, com a mesma ambição expansionista do Reino do Norte. Em pouco tempo, enfraquecido pela corrupção interna, Efraim caiu nas mãos do rei da Assíria: "Israel acaba de ser devorado. Entre as nações ele agora é um objeto sem valor. Quando foram pedir ajuda à Assíria, então Efraim... contratou para si amantes. Mesmo que os contratem do meio das nações... eles tremerão sob o peso do grande rei" (8,8-10).

O poder religioso, representado pelos sacerdotes, mostrou-se mais "prostituto" e "adúltero" que o poder político. Aos sacerdotes, a sentinela de Deus declarou: "Eu acuso você, sacerdote! Você tropeça de dia, com você tropeça de noite o profeta, e você mata a própria mãe..." (4,4-5). Os sacerdotes eram responsáveis pela transmissão do conhecimento da lei, mas vejamos o que o profeta disse: "O meu povo está morrendo por falta de conhecimento, e você, sacerdote, rejeita o conhecimento. Por isso eu o rejeitarei como meu sacerdote. Você deixou de lado a lei de seu Deus, e eu me esquecerei de seus filhos... Esses sacerdotes vivem do pecado do meu povo e querem que o povo continue no pecado" (4,6-8).

Os sacerdotes foram chamados de assassinos: "Como bandidos de tocaia, um bando de sacerdotes assassinam pelo caminho de Siquém e cometem coisas horrorosas" (6,9). O profeta previu para eles a ruína: "Os habitantes de Samaria tremem por causa do bezerro de Bet-Áven, o povo e o sacerdote fazem luto por seu Deus; e fazem lamentações porque a honra deles foi exilada..." (10,5).

> Compare a sociedade do tempo de Oseias com a sociedade de hoje, observando os pontos de contato.

III. O LIVRO DE OSEIAS E O ROSTO DE DEUS

1. O livro de Oseias

O livro de Oseias se parece com uma "sala dos milagres" de nossos santuários, na qual você encontra ex-votos ou promessas de todos os tipos e épocas. Difícil é a tarefa de catalogar tudo isso por temas e datas.

Algo semelhante acontece no livro desse profeta. Os temas se entrelaçam como as raízes das árvores, vão e vêm como as ondas do mar. Somente os capítulos de 1 a 3 formam certa unidade em torno do tema "casamento" e seu valor simbólico. Do capítulo 4 em diante temos uma espécie de colcha de retalhos, costurada pelos fios que acabamos de ver: o poder político e o poder religioso explorando o povo. A isso o profeta chama de "prostituição" e "adultério".

2. O rosto de Deus

O rosto de Deus apresentado por Oseias é extremamente belo e forte. Por trás de tudo, está o tema da Aliança e de um Deus loucamente apaixonado por seu parceiro, o povo. Nesse sentido, Oseias é figura menor de uma realidade que as palavras não conseguem explicar. Deus é muito mais que o profeta enamorado por sua esposa infiel, pois, apesar das infidelidades do parceiro, ele permanece eternamente fiel: "Eu me casarei com você para sempre; eu me casarei com você na justiça e no direito, no amor e na ternura. Eu me casarei com você na fidelidade e você conhecerá Javé" (2,21-22). Amor e fidelidade são duas palavras sagradas no Antigo Testamento e resumem o modo como Deus estabelece Aliança com seu povo.

Devemos a Oseias a iniciativa de comparar a Aliança com o casamento. Mais tarde, outros profetas seguiram seu exemplo. Não há nada de mais sagrado entre duas pessoas do que o compromisso de amor selado com o casamento. E, no Novo Testamento, o próprio Deus é definido como sendo amor. Sem amor não há casamento, e sem amor não existe a Aliança.

Devemos a Oseias também a imagem de Deus como pai e mãe ao mesmo tempo: "Quando Israel era uma criança, eu o amei. Do Egito chamei meu filho... Fui eu quem ensinou Efraim a caminhar, segurando-o pela mão... Com laços de bondade e com cordas de amor os atraí para mim. Como quem ergue uma criança até a altura do rosto, assim eu os levantava. Eu me abaixava até eles para alimentá-los... Meu coração pula em meu peito, dentro de mim as entranhas se comovem. Não me deixarei levar pelo fogo de minha ira; não vou destruir Efraim. Eu sou Deus, não sou um homem. No meio de você eu sou o Santo; não sou um inimigo destruidor" (11,1-9).

> Faça um resumo das principais descobertas ao estudar o livro de Oseias. Anote também os pontos que não ficaram claros.

9
O livro de Joel

I. ANTES DE ABRIR O LIVRO

1. Poucas informações

O nome Joel significa "Javé é Deus". Com grande probabilidade, foi profeta no Reino do Sul. Todavia, há poucas informações a seu respeito. Não se fala de sua cidade de origem, e as indicações para situá-lo no tempo são muito frágeis.

Começamos pelo fato de Joel não mencionar nenhum rei. Alguns estudiosos, a partir disso, pretendem situá-lo depois do exílio na Babilônia (o exílio terminou no ano 538 antes de Jesus nascer). E pensam que tenha exercido sua atividade profética por volta de 400 antes de Cristo.

Em 2,20 o profeta menciona uma ameaça que vem do Norte: "Afastarei de vós aquele que vem do Norte, vou expulsá-lo para uma terra árida e desértica". Pergunta-se acerca da identidade desse perigo. Há quatro hipóteses: **1.** A nuvem de gafanhotos, da qual fala o profeta em seu livro. Neste caso, é impossível estabelecer uma data. **2.** Assíria. O Império Assírio terminou no ano 612 antes de Cristo. Neste caso, Joel deveria ser datado antes da tomada de Nínive, capital do Império Assírio (ano 612). **3.** A Babilônia. O Império Babilônico se estendeu de 612 a 539 antes de Jesus nascer. **4.** Ou outro perigo, indeterminado.

Em 4,2, Joel fala de dispersão: "...entrarei em processo contra as nações, por causa de Israel, meu povo e minha herança, porque o dispersaram entre as nações e repartiram minha terra". A grande dispersão (diáspora) dos judeus começou com o exílio na Babilônia (ano 586 antes de Cristo). E a dispersão não terminou aí.

2. Localização

A Bíblia Hebraica, a tradução latina conhecida como Vulgata e a maioria das traduções em português situam o livro de Joel após o livro de Oseias. A tradução grega, conhecida como LXX, coloca-o depois do profeta Miqueias. A tradução grega e a Vulgata unem, em um só capítulo, os capítulos 2 e 3 de Joel, de modo que o capítulo quatro não existe e deve ser procurado como capítulo 3. Algumas Bíblias antigas em língua portuguesa seguem a numeração latina. Então se deduz que nem sempre uma citação coincide com outra, pois na maioria das Bíblias em português o livro de Joel tem quatro capítulos.

3. Joel e o Pentecostes

O profeta Joel pode ser chamado de "o profeta do Pentecostes". Já Moisés (veja Números 11,29) havia expressado este desejo: "Quem dera que todo o povo de Javé fosse profeta, e Javé lhe desse seu Espírito". Pois bem, em seu livro (3,1-2), Joel deu um passo adiante e, em nome de Deus, declarou: "Depois disto, derramarei o meu Espírito sobre todo ser humano. Vossos filhos e vossas filhas profetizarão, vossos anciãos terão sonhos, vossos jovens terão visões. Até sobre os escravos e sobre as escravas, naqueles dias, derramarei o meu Espírito".

No dia de Pentecostes, falando ao povo, Pedro viu realizado o sonho de Moisés e a previsão de Joel (veja Atos dos Apóstolos, capítulo 2).

4. Joel e a liturgia cristã

O profeta Joel é importante para a liturgia cristã, sobretudo pelo uso que dele se faz como primeira leitura na celebra-

O livro de Joel

ção litúrgica da Quarta-feira de Cinzas. O texto citado se encontra no capítulo dois, versículos de 12 a 18. Esse texto levou vários estudiosos a associar o profeta Joel ao culto judaico.

Vamos resumir, associando:

1. "Javé é Deus" ❶ — ○ Lugar de onde vem o perigo.

2. Reino do Sul ❷ — ○ Dia em que se lê o profeta Joel na missa.

3. Nínive ❸ — ○ Desejou que todo o povo profetizasse.

4. Gafanhotos ❹ — ❶ Significado do nome Joel.

5. 612 antes de Cristo ❺ — ○ Título dado ao profeta Joel.

6. Diáspora ❻ — ○ Palavra que significa "dispersão".

7. 539 antes de Cristo ❼ — ○ Provável região do profeta Joel.

8. Norte ❽ — ○ Praga descrita por Joel.

9. "Profeta do Pentecostes" ❾ — ○ Data em que os babilônios tomaram Nínive.

10. Moisés ❿ — ○ Capital do Império Assírio.

11. Quarta-feira de Cinzas ⓫ — ○ Fim do Império Babilônico.

12. Pedro em Atos 2 ⓬ — ○ Vê realizada a profecia de Joel.

Resposta: 8; 11; 10; 1; 9; 6; 2; 4; 5; 3; 7; 12.

II. OLHANDO O LIVRO DE PERTO

Os quatro capítulos de Joel podem ser divididos em duas partes: **1.** A praga de gafanhotos (1,2-2,27); **2.** Os novos tempos e o dia de Javé (capítulos 3 e 4).

1. A praga de gafanhotos (1,2-2,27)

O livro de Joel começa com a descrição de uma praga de gafanhotos e seus efeitos. Pelo visto, o profeta conhecia muito bem as fases do desenvolvimento desse invertebrado: larva, ninfa e o inseto jovem. O efeito dessa invasão foi assustador: no Templo desapareceu a matéria-prima para as ofertas, levando os sacerdotes ao luto. O campo ficou devastado, as videiras e as oliveiras foram destruídas.

A devastação provocada pelo "exército" de gafanhotos provocou no povo um sentimento de penitência e um convite à oração: "Sacerdotes, lamentai-vos! Ministros do altar, chorai! Vinde, passai a noite vestidos com pano de saco, ministros do meu Deus! Proclamai um jejum, convocai uma assembleia, reuni os anciãos... Ai! Que dia! Sim, aproxima-se o dia de Javé!" (1,13-15). Convite à oração: "Eu grito a ti Javé, porque a estiagem consumiu as pastagens e a seca devorou todas as árvores do campo" (1,19).

O texto mais conhecido de Joel é o que se lê como primeira leitura na liturgia da Quarta-feira de Cinzas. Abra sua Bíblia em Jl 2,12-17 e complete as seguintes frases:

2,12: Agora, portanto, retornai ....
....

2,13: Rasgai .... e não as vossas roupas, retornai a Javé, vosso Deus, porque ....
.... e se compadece da ....

2,14: Quem sabe? Talvez ele .... e deixe atrás de si uma bênção.

2. Os novos tempos e o dia de Javé (capítulos 3 e 4)

A invasão de gafanhotos provocou em Joel uma reflexão mais profunda acerca do Dia de Javé como anúncio da chegada de novos tempos e do julgamento final. Os capítulos três e quatro abordam três temas: **1.** Derramamento do Espírito (capítulo 3). **2.** O julgamento das nações (4,1-17). **3.** Tempos novos e restauração do povo de Deus (4,18-21).

Para o tema do derramamento do Espírito, veja acima "Joel e o Pentecostes". As nações serão reunidas para o julgamento no vale de Josafá. O livro se encerra com uma visão paradisíaca e com a restauração de Israel.

Vale de Josafá
O nome Josafá significa "Javé julga". É um nome simbólico que se refere ao lugar onde Deus reunirá as nações para o julgamento final. O livro de Joel sugere que esse vale esteja situado perto de Jerusalém. A tradição posterior o identifica como o vale do Cedron.

Avaliação
Avalie o livro de Joel, o que você aprendeu e as dúvidas que eventualmente ficaram. Faça um teste: O que você diria desse livro se tivesse de explicá-lo a outras pessoas?

10
O livro de Sofonias

I. ANTES DE ABRIR O LIVRO

Sofonias e seu tempo

O começo do livro deste profeta fornece importantes indicações acerca de seu tempo: "Palavra que Javé dirigiu a Sofonias, filho de Cusi, neto de Godolias, bisneto de Amarias, tataraneto de Ezequias, no tempo do rei de Judá, chamado Josias, filho de Amon" (1,1).

Amon (642-640) foi pai do rei Josias, que governou o Reino do Sul de 640 a 609 antes de Cristo. Josias foi o rei que promoveu a mais importante reforma político-religiosa do Reino do Sul. Percorrendo o livro de Sofonias, encontramos severa condenação da idolatria. Por boca do profeta, Javé declarou: "Vou estender minha mão contra Judá e contra todos os habitantes de Jerusalém. Vou destruir deste lugar o resto de Baal, o nome dos sacerdotes dos ídolos, aqueles que se prostram nos terraços das casas diante do exército dos céus, aqueles que se ajoelham diante de Javé, mas juram por Melcom (deus dos amonitas), aqueles que se afastam de Javé, não o procuram nem o consultam" (1,4-6).

Em nome de Deus, o profeta denunciou os membros da corte real: "No dia do sacrifício de Javé, visitarei os príncipes, os filhos do rei, e os que vestem roupas estrangeiras. Visitarei todos os que saltam o Degrau, todos aqueles que enchem a casa de seu senhor com violência e fraude" (1,8-9).

> **Vestir roupas estrangeiras e saltar o Degrau**
> As roupas estrangeiras eram certamente vestes assírias, usadas pelo pessoal da corte durante a menoridade de Josias, em sinal de submissão ao Império Assírio. "Saltar o Degrau" era uma prática supersticiosa.

O fato de Sofonias condenar a ação dos nobres da corte e silenciar acerca do comportamento do rei Josias sugere que sua atividade profética aconteceu durante a menoridade desse rei e, portanto, antes que ele empreendesse a grande reforma político-religiosa. Assim se chega a uma data bastante provável da atividade profética de Sofonias: por volta do ano 630, um pouco antes da vocação de Jeremias (ano 627 antes de Jesus nascer). As denúncias do profeta certamente se referem à corrupção religiosa que perdurou após o péssimo reinado de Manassés (687-642) e Amon (642-640), antepassados do rei Josias.

No cenário internacional dominava o Império Assírio, que controlava parte de Judá e ao qual o Reino do Sul pagava tributo.

II. OLHANDO O LIVRO DE PERTO

O livro de Sofonias tem três capítulos e pode ser dividido em quatro unidades: **1.** O dia de Javé (1,2-2,3). **2.** Contra as nações (2,4-15). **3.** Contra Jerusalém (3,1-8). **4.** Promessas (3,9-20).

1. O dia de Javé (1,2-2,3)

Tradicionalmente, acreditava-se que o "Dia de Javé" fosse marcado pela intervenção espetacular de Deus, recompensando Israel e punindo exemplarmente os outros povos. Todavia, desde o tempo do profeta Amós (por volta do ano 750 antes de Cristo), começou-se a ver esse dia pelo avesso, como dia de castigo divino, não contra as nações, mas contra o próprio povo de Deus, por causa de suas transgressões (veja Amós 5,18-20).

Sofonias foi à mesma direção de Amós: anunciou a proximidade desse dia, classificando-o como "um dia de ira", expressão que se tornou famosa na liturgia (*Dies irae*). A primeira unidade se encerra com um apelo à conversão, com uma frase que se tornou famosa: "Procurai a Javé, vós todos, os pobres da terra, que realizais seu julgamento. Procurai a justiça, procurai a humildade: talvez sejais protegidos no dia da ira de Javé" (2,3).

> **Você acredita?**
> Algumas pessoas buscaram em Sofonias um ponto de partida para entender a destruição das torres gêmeas de Nova York. E o encontraram em 1,15-16: "Um dia de ira, aquele dia! Dia de angústia e tribulação, dia de devastação e escuridão, dia de nuvens e negrume, dia da trombeta e do grito de guerra contra as cidades fortificadas e contra as torres elevadas". Você acredita? Até que ponto chegam a fantasia e a leitura fundamentalista da Bíblia!

2. Contra as nações (2,4-15)

Os oráculos contra as nações vão de oeste a leste, de sul a norte, envolvendo os tradicionais inimigos de Israel. A oeste estão os filisteus; a leste encontram-se Moab e Amon; ao sul está Cush, aqui representando o Egito, e ao norte situa-se a Assíria.

3. Contra Jerusalém (3,1-8)

O oráculo se volta contra a capital do Reino do Sul, Jerusalém, chamada de "rebelde, manchada, opressora". Suas lideranças políticas são comparadas a leões que rugem, e seus juízes a lobos da tarde, que não guardam nada para amanhã; os profetas são tachados de aventureiros, e seus sacerdotes acusados de profanar o que é santo e violar a Lei.

4. Promessas (3,9-20)

O livro de Sofonias termina com a promessa da conversão de todos os povos (3,9-10); Deus deixará no meio de Israel um povo humilde e pobre, que buscará refúgio no nome de Javé. Trata-se do "Resto de Israel" que não praticará mais injustiça nem dirá mentiras (3,11-13). Os dois salmos conclusivos (versículos 14-20) são acrescentados mais tarde e um convite para que Jerusalém se alegre pela volta dos que foram dispersos.

> **Avaliação**
> Faça uma avaliação do livro de Sofonias. Se você tivesse de dar-lhe um título-síntese, que título lhe daria?

11
O livro de Miqueias

I. ANTES DE ABRIR O LIVRO

1. Quem foi Miqueias

O nome Miqueias significa provavelmente "Quem é como Javé?" O autor do livro que vamos estudar não deve ser confundido com o Miqueias Ben-Jemla de 1 Reis 22.

Miqueias foi um profeta natural de Morasti, no Reino do Sul. Sua cidade ficava na Sefelá, uma região de colinas férteis, produtoras de cereais, onde se cultivavam parreiras, figueiras e oliveiras e se criavam rebanhos.

Naquele tempo, era a região mais populosa do Reino do Sul, com muitas cidades fortificadas.

Miqueias foi profeta das aldeias, e, mais adiante, entenderemos por que sua pregação vai contra as grandes cidades do Sul e também do Norte. Ele representa, portanto, o clamor dos camponeses, vítimas da ganância de fortes grupos que os exploraram a partir das grandes cidades: comerciantes ladrões, lideranças injustas, profetas e sacerdotes gananciosos, juízes corruptos etc.

Examinando com atenção seu livro, descobrimos que sua linguagem, sobretudo as imagens que emprega, são tiradas da vida dos camponeses, dos quais ele se fez porta-voz. Eis alguns exemplos:

> **Imagens tiradas da roça**
> *Tema campo:* campos (2,2.4; 3,12); semear e colher (6,15); colheitas de verão (7,1).
> *Tema videiras:* parreiras (1,6; 4,4); mosto (6,15); vinho (6,15); rebuscos da colheita das uvas (7,1); cacho de uva (7,1).
> *Tema figueira:* figueira (4,4); figo precoce (7,1).
> *Tema cereais:* feixe de trigo (4,12); eira (4,12).
> *Tema pastoreio:* rebanho (5,3.7; 7,14); pastores (5,4); novilhos (6,6); carneiros (6,7).
> *Tema oliveiras:* azeitonas (6,15); óleo (6,7.15).

2. A época de Miqueias

No começo de seu livro (1,1) encontramos a seguinte informação acerca da época desse profeta. Sua atividade aconteceu no tempo destes três reis de Judá: Joatão (740-736), Acaz (736-716) e Ezequias (716-687). Alguns estudiosos o situam mais exatamente entre os anos 727-722. Ele foi, portanto, contemporâneo de Oseias e, sobretudo, de Isaías, com o qual partilhou muitas coisas (veja, por exemplo, 4,1-5, comparado com Isaías 2,2-4).

No cenário internacional, temos o surgimento e fortalecimento do Império Assírio, o novo dono do mundo. Foi ele o responsável pela destruição de Samaria, a capital do Norte, e o consequente fim do Reino de Israel (ano 722). O Reino do Sul, também chamado de Judá, começou a vacilar diante desse Império. De fato, Senaquerib, general assírio, destruiu as cidades da Planície (chamada Sefelá) e, no ano 701, cercou Jerusalém (2 Reis 18,13 e seguintes). Por enquanto, Jerusalém, a capital, defendeu-se e resistiu.

3. Ser profeta: que dureza!

Como dissemos, Miqueias era homem ligado ao campo e defensor dos camponeses explorados pelas elites das grandes cidades. Percorrendo seu texto, não é difícil perceber contra quem ele dirigiu suas denúncias. Seus adversários foram os

O livro de Miqueias

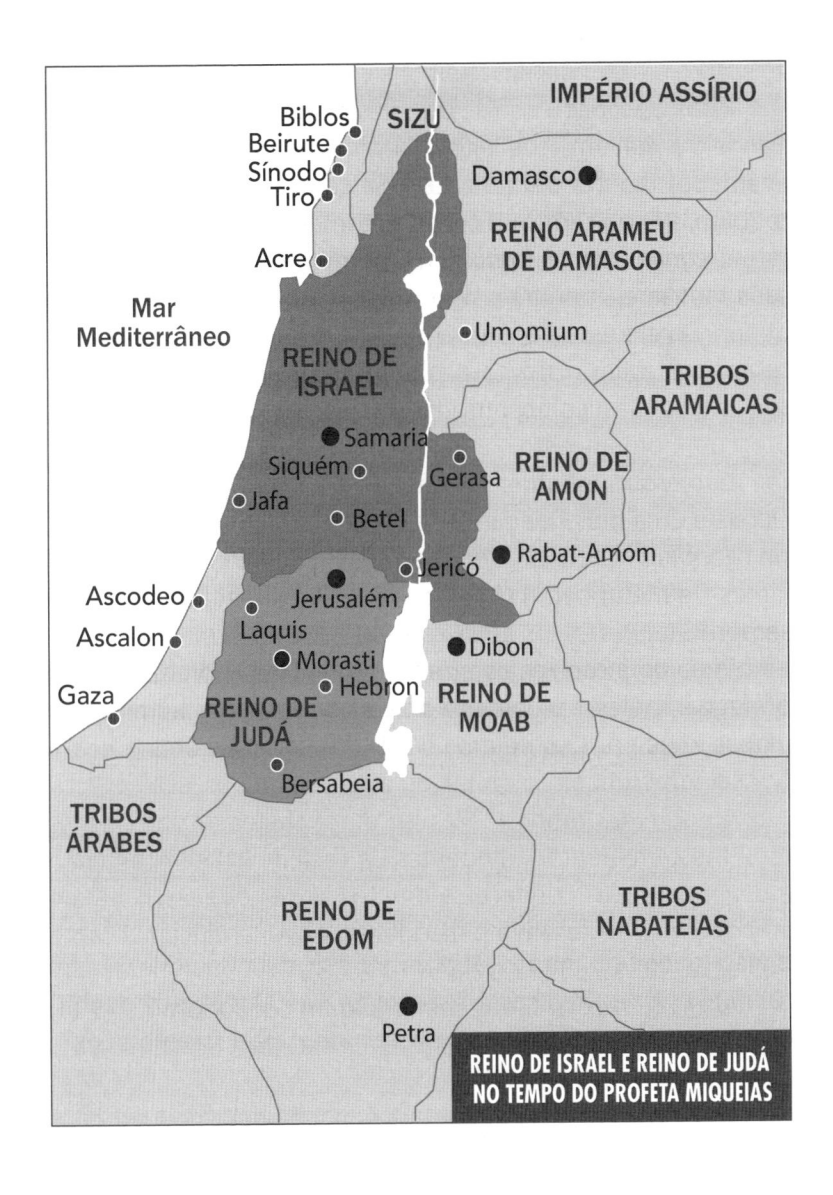

**REINO DE ISRAEL E REINO DE JUDÁ
NO TEMPO DO PROFETA MIQUEIAS**

detentores do poder econômico, religioso, político e judiciário. As grandes cidades, portanto, foram o foco da idolatria e da corrupção. Veja alguns exemplos:

Ricos gananciosos: "Ai daqueles que planejam injustiças e tramam o mal em seus leitos! Quando amanhece, eles o praticam, pois têm poder para isso. Se cobiçam terrenos, eles os roubam; se cobiçam casas, eles as tomam..." (2,1-2).
Credores sem compaixão: "Oprimem o chefe de família e seus familiares, oprimem o homem e sua herança" (2,2). Essa denúncia refere-se à prisão por causa das dívidas. Os credores se aproveitavam disso para aumentar suas posses. Veja 7,2 e seguintes: "Desapareceram do país as pessoas leais, não sobrou um homem justo..."
Comerciantes ladrões: "Acaso vou absolver as balanças viciadas e uma bolsa de pesos falsos?" (6,11).
Famílias divididas: "Vocês expulsam do lar querido as mulheres de meu povo e tiram de seus filhos minha honra para sempre!" (2,9).
Profetas e sacerdotes gananciosos: "Não profetizem, eles profetizam, eles não devem profetizar assim! A humilhação não se afastará" (2,6; veja 3,5-7.11). "Seus sacerdotes pregam por salário..." (3,11).
Autoridades tiranas: "Mas eu digo: chefes de Jacó, escutem! Prestem atenção, dirigentes da casa de Israel! Acaso não é dever de vocês conhecer o direito? Vocês odeiam o bem e amam o mal, arrancam a pele do meu povo, arrancam a carne dos ossos dele..." (3,1-2; veja 3,9-10; 7,3).
Juízes corruptos: "Seus chefes julgam por suborno..." (3,11; veja 7,3).

Prostituição = Idolatria
Nem sempre, nos livros proféticos, a prostituição tem sentido físico ou real. Muitas vezes, é uma palavra simbólica, representando a infidelidade do povo ao Deus da Aliança

(veja, na página 99, "O livro de Oseias"). Esse fenômeno pode acontecer também no livro de Miqueias. É verdade que, frequentemente, encontramos na Bíblia prostitutos e prostitutas sagrados. É preciso, vez por vez, examinar se estamos diante de fatos concretos ou se se trata de linguagem simbólica.

II. ABRINDO O LIVRO

O livro de Miqueias é relativamente breve. São sete capítulos em forma de poesia. Foi escrito em hebraico, mas, muitas vezes, o texto que chamamos de original é incompreensível. Além disso, os estudiosos descobriram nele trechos acrescentados posteriormente.

Como as orquídeas e as bromélias

Alguns trechos de Miqueias certamente não são dele, por exemplo, 2,12-13; 4,1-5; 7,8-20 e outros; foram acrescentados mais tarde. São como as orquídeas e as bromélias nativas de nossas matas. Não faziam, na origem, parte da árvore, mas agora compõem, com o tronco que as abriga, um arranjo que podemos chamar de "perfeito". Se alguém ousar mexer, estraga-o!

Miqueias deve ter sido muito importante para as gerações que vieram depois dele. Afirmamos isso a partir de vários fatos. Em primeiro lugar, é preciso ter presente que o profeta não escrevia aquilo que dizia. Suas palavras permaneceram gravadas na memória dos camponeses do Reino do Sul. Em segundo lugar, essas memórias foram escritas para uma melhor conservação. Em terceiro lugar, o livro de Miqueias é um dos mais corrigidos ao longo da história, sinal de que era lido, comentado e meditado em tempos posteriores, iluminando novas realidades da caminhada do povo de Deus. Finalmente, os acréscimos por ocasião da última redação do livro.

As traduções em português podem variar muito entre si por causa dos motivos apresentados acima.

O livro chegou a nós bem organizado, em forma de quiasmo.

> **Quiasmo**
> A palavra quiasmo vem da letra grega *chi* (pronuncia-se *qui*), representada basicamente por X (xis maiúsculo). Essa letra tem 4 pontas: 1 e 2 no alto, 3 e 4 na base. Muitos textos da Bíblia (frases, trechos e até livros inteiros) foram "arranjados" desse modo. Os elementos externos (1 e 4) são semelhantes entre si. E os elementos internos (2 e 3) combinam entre si. Veja como isso funciona nas 4 partes que compõem o livro de Miqueias: 1ª e 4ª combinam entre si (Israel no tribunal); 2ª e 3ª são semelhantes entre si (promessas e esperanças). Por fora, ameaças; no miolo, esperanças.
>
> Outros preferem chamar essa forma de organização de "sanduíche": as partes externas (1 e 4) são como as fatias do pão; as partes internas (2 e 3) representam o recheio.

1. Israel no tribunal (1,2-3,12)

Entendemos melhor a primeira parte de Miqueias se imaginarmos uma sessão de julgamento. Vamos ver quem são os principais personagens.

- *Plateia:* todos os povos, a terra e seus habitantes (1,2). É um cenário mundial.
- *Presidente do tribunal* (e testemunha de acusação): o Senhor Javé. Ele sai de sua morada (o céu), desce, anda sobre os montes, que desmoronam, enquanto os vales se derretem (1,2-4; veja Salmo 96,13; 98,9).
- *Promotor:* o profeta.
- *Acusados:* o Reino do Norte (chamado aqui de Jacó e de Casa de Israel), representado por sua capital Samaria, e o Reino do Sul (chamado aqui de Casa de Judá), representado por sua capital, Jerusalém (1,5). Além da capital, mencionam-se doze cidades da Planície (1,9-15).
- *Acusação:* uma longa lista de crimes, pecados e idolatrias. **1.** A ganância dos ricos que roubam campos e casas

(2,2). **2.** Credores sem escrúpulos que se aproveitam da prisão dos endividados para aumentar suas posses (2,2); matam e expulsam mulheres e filhos para roubar-lhes as terras (2,9). **3.** Falsos profetas e sacerdotes mercenários que fazem vista grossa, afirmando que Javé não se importa com isso, hostilizam os verdadeiros profetas e profetizam o bem para quem lhes paga e o mal para quem não lhes põe nada na boca (2,6 e seguintes; 3,5 e seguintes). **4.** Chefes e dirigentes que violam o direito. O profeta os acusa de arrancar a pele e a carne das pessoas (3,1-3). **5.** Juízes corruptos que julgam por suborno, decidindo a favor dos ricos, prejudicando os pobres (3,11).

• *Sentença:* Samaria se transforma em um campo de ruínas (1,6). As doze cidades da Planície são destruídas (1,9-15). Jerusalém é vítima de um golpe incurável por parte de Javé (1,9). Os ricos gananciosos e os credores sem escrúpulos recebem uma canga ao pescoço e são completamente devastados; seus terrenos caem nas mãos dos inimigos (2,3-4). Os sacerdotes gananciosos e os profetas falsos ficam sem resposta por parte de Deus, que os confunde (3,6-7). Por causa deles Sião (Jerusalém) se torna lugar de ruínas (3,12). Resumindo: todos esses acusados experimentam a dura realidade do cativeiro.

• *Executores da sentença:* os assírios e, mais tarde, os babilônios. De fato, a elite do Reino do Norte é levada para o exílio pelos assírios em 722, e a elite do Reino do Sul cai nas mãos dos babilônios e é desterrada em 586.

Brincando com nomes

Em 1,8-15, Miqueias lamenta a próxima destruição de 12 cidades do Reino do Sul, brincando com o sentido delas. Eram cidades de sua região. Veja algumas:

Cidade	Lembra	O que Miqueias diz
Gat	Anunciar	Não anunciem
Soco	Choro	Não chorem

Bet-Leafra	Pó	Rolem no pó
Saanã	Ela sai	Não saiu de sua cidade aquela...
Laquis	Cavaleiro	Atrele o cavalo ao carro...
Marot	Amargura	Poderá esperar o bem aquela...?
Morasti	Noiva	Por isso darás um dote...
Bet-Aczib	Decepção	Será uma decepção
Maresa	Conquistador	Farei voltar sobre você o conquistador

Você pode, a partir disso, imaginar o trabalho de quem traduz Miqueias para o português e também como se perde a beleza poética do texto quando se lê uma tradução.

Tente fazer algo parecido – positivamente – com algumas cidades brasileiras: Salvador, Passo Fundo, Resplendor, Leme, Natal, Descanso, Conchas, Valença...

2. Promessas (capítulos 4 e 5)

A segunda parte é feita de promessas. Estranhamente, não se fala mais do Reino do Norte e de sua capital Samaria, desaparecidos em 722. As promessas referem-se unicamente a Jerusalém, chamada de Sião. Ela se torna ponto de convergência e de encontro de todas as nações, que a ela acorrem para aprender os caminhos de Javé, fazendo deles norma de vida. O horizonte se amplia e assume dimensões sem confins: Javé é o juiz e o árbitro de todas as nações, e estas, guiadas por sua lei, transformam as espadas em arados e as lanças em foices. Acaba, dessa forma, a corrida armamentista e terminam os imperialismos. As armas antes usadas para matar, agora são transformadas em ferramentas agrícolas para matar a fome da humanidade. Há uma igualitária distribuição de terras, representada pela vinha e pela figueira (4,1-5).

Para Israel, esse é um tempo de glória e de paz. É aqui que se insere a profecia de Miqueias mais apreciada pelos primeiros cristãos. Ele anuncia o ressurgimento da dinastia de Davi mediante o aparecimento de um líder nascido em Belém, cidade de Davi, que será grande até os confins da terra. Ele vai conduzir o povo como um pastor conduz seu rebanho (5,1-4). Esse texto serve de senha aos assessores de Herodes, que deseja saber onde nasceria o Rei dos Judeus (veja Mateus 2,6).

> **Miqueias no Novo Testamento**
> A citação mais importante de Miqueias no Novo Testamento é certamente a do episódio da visita dos Magos (Mateus 2,1-12). Os assessores de Herodes pesquisam e encontram em Miqueias 5,1 a profecia de que o Messias nasceria em Belém. Mas há outras ressonâncias do profeta no Novo Testamento: 2,13 lembra João 10,4; 7,6 remete a Mateus 10,35-36; 7,20 ecoa em Lucas 1,73.

3. Israel no tribunal (6,1-7,7)

A terceira parte de Miqueias faz dueto com a primeira, ou seja, estamos diante de um novo processo contra Israel. Quem o processa é o próprio Javé, e a plateia é formada pelas montanhas e os alicerces da terra.

O processo funciona assim: Javé pleiteia com o seu parceiro aliado, o povo de Israel. Este, para manter-se fiel à Aliança, deve cumprir os mandamentos, como resposta à ação maravilhosa que Deus opera em favor de seu povo, libertando-o da opressão no Egito. Acontece que Deus mostra-se plenamente fiel, mas seu parceiro prima pela infidelidade, pensando poder agradar a Deus com uma religião de aparência, sem uma prática consequente de justiça.

Então Javé se queixa: "Povo meu, o que foi que eu lhe fiz? Em que cansei você? Responda-me!" (6,3). A seguir, desfilam as ações de Javé, parceiro fiel, e a tentativa do povo de ser-lhe fiel mediante uma religião vazia. A lamentação termina com uma afirmação ímpar: "Homem, já foi anunciado a você o que é bom; o que Javé exige de você: nada mais do que praticar a justiça, amar a bondade e aceitar caminhar com seu Deus!" (6,8).

E começa a acusação, envolvendo os mesmos grupos da primeira parte: comerciantes gananciosos, que falsificam balanças, pesos e medidas (6,10-11); ricos violentos; chefes corruptos e juízes venais (7,3). Em poucas palavras: a nobreza de Judá repete os erros do antigo Reino do Norte (6,16). Há um clima de corrupção generalizada, violência e falta de lealdade até no seio da família (7,3-6). A sentença é a mesma da primeira parte: a dominação estrangeira e o exílio (7,4).

4. Esperanças (7,8-20)

A última parte assemelha-se à segunda. Ela começa mostrando Sião que responde a uma nação inimiga, talvez Edom, que se alegra com a destruição de Jerusalém em 586. Ela diz: "Não fique contente por minha causa, minha inimiga. Eu caí, mas vou me levantar; estou morando nas trevas, mas Javé é a minha luz" (7,8).

A seguir, temos um breve oráculo de restauração (7,11-13): é hora de reconstruir as muralhas de Jerusalém e de alargar as fronteiras, para acolher uma multidão de judeus e não judeus que se dirigem a Jerusalém.

Em terceiro lugar, encontramos uma oração a Javé-pastor (7,14-17). Pede-se que guie seu povo e confunda as nações inimigas, como outrora confundiu o Egito. Finalmente, o livro de Miqueias se encerra com um pedido de perdão, pois se descobre que Deus tem prazer em conceder graça: "Novamente ele terá compaixão de nós, calcará debaixo de seus pés nossas faltas e arremessará na profundidade do mar nossos pecados. Tu concederás tua fidelidade a Jacó e tua graça a Abraão, pois foi isso que juraste a nossos antepassados desde os tempos mais antigos" (7,19-20).

12
O livro de Naum

I. ANTES DE ABRIR O LIVRO

1. Endereço desconhecido

Há poucas informações acerca de Naum. Seu nome significa provavelmente "Javé consola". O início de seu livro (1,1) o identifica como originário de Elcós. Mas é impossível localizar essa cidade. Provavelmente se trata de um lugarejo do Reino do Sul. Diferentemente do início de outros livros proféticos, não se menciona o rei de Judá da época desse profeta.

2. Calendário duvidoso

A questão das datas também é problemática. Os estudiosos não chegam a um acordo. A atividade desse profeta aconteceu antes ou depois da queda de Nínive? Essa questão é importante, pois se Nínive já havia caído nas mãos dos babilônios, o texto de Naum perde a qualidade de escrito profético. Uma coisa, porém, é certa: em 3,8, Naum pergunta a Nínive: "Por acaso és melhor do que No-Amon, que está sentada entre os canais do Nilo e que tem o mar por fortaleza e as águas lhe servem de muralha?" No-Amon é outro nome da cidade egípcia de Tebas, situada no Alto Egito. Ela foi saqueada pelos exércitos de Assurbanipal no ano 663 antes de Cristo.

Naum adverte que Nínive não terá melhor sorte do que No-Amon. Essa informação nos ajuda a situar a atividade desse profeta não antes da tomada dessa cidade egípcia.

3. Nínive

Nínive foi a capital do grande Império Assírio, que mostrou sua força e domínio a partir do reinado de Assurnasirpal (883-858). A partir de seu sucessor Salmanasar III, o Reino do Norte lhe pagou tributo, até que Teglat-Falasar III (745-727) conquistou uma parte da Galileia. Seu sucessor Salmanasar V (726-722) conquistou a capital do Reino do Norte (Samaria). Assim desapareceu definitivamente aquele que conhecemos como Reino do Norte.

Nínive continuou dominando a região até o ano 612, quando um novo poder assumiu o comando: Ciáxares, rei dos medos, e Nabopolassar, rei dos babilônios, tomaram a capital dos assírios, Nínive.

Essa cidade se tornou símbolo da dominação de um povo sobre outro povo, e sua destruição, do ponto de vista da fé de Israel, foi expressão do justo julgamento de Deus. Mais tarde, como vimos ao estudar o livro de Jonas, a visão que Israel tinha de Deus se ampliou e aprofundou, alcançando aquilo que profetas como Ezequiel proclamaram: o Senhor não quer a morte do pecador (veja Ezequiel 18 e o livro de Jonas).

4. O poeta entre os profetas

Os entendidos em poesia hebraica garantem que o texto de Naum é uma peça literária de raro valor, superando em qualidade todos os demais textos poéticos do Antigo Testamento. Veja-se, por exemplo, 3,1-7 (tradução da "Bíblia do Peregrino"): "Ai da cidade sanguinária e traidora, repleta de rapinas, insaciável de despojos! Escutai: chicotes, estrépito de rodas, cavalos a galope, carros saltando, cavaleiros ao assalto, chamejar de espadas, relampejar de lanças, multidão de feridos, montões de cadáveres, cadáveres sem-fim, tropeça-se em cadáveres. Pelas muitas fornicações da prostituta, tão formosa e feiticeira, que vendia povos com suas fornicações e tribos com suas feitiçarias; aqui estou eu contra ti! – Oráculo do Senhor dos exércitos. Levantarei tua roupa até o rosto, mostrando tua nudez aos povos, tua vergonha aos reis. Jogarei lixo sobre ti e te exporei à vergonha pública. Os que te virem se apartarão de ti, dizendo: Nínive está desolada: quem se compadecerá dela? Onde encontrar quem a console?"

Na Bíblia Hebraica, na tradução latina (conhecida como Vulgata) e na maioria das traduções em português, o livro de Naum vem após o de Miqueias e antes de Habacuc. Na tradução grega, conhecida como LXX, Naum é apresentado depois de Jonas.

II. OLHANDO O LIVRO DE PERTO

O livro de Naum tem três breves capítulos que podem ser divididos em duas partes. A primeira (1,2-2,1) contém um salmo (1,2-8) e sentenças proféticas contra Judá e contra Nínive (1,9-2,2). A segunda (2,2-3,19) trata da ruína de Nínive.

1. Primeira parte (1,2-2,1)

O salmo que abre o livro de Naum tem como tema a ira de Javé. Ira que não explode de repente, mas que não deixa impune quem viola sua aliança: "Javé é Deus ciumento e vingador! Ele é vingador e cheio de furor! Ele se vinga de seus adversários e guarda rancor de seus inimigos" (1,2). Esse começo cheio de ira só pode ser entendido em um contexto de aliança. Nínive tem sido o pior inimigo de Israel, e oprimir Israel é provocar seu aliado, Javé, que se vê obrigado a fazer justiça.

> **Exercício**
> Naum faz uma apresentação terrificante de Javé vingador. Abra sua Bíblia (Na 1,3-5) e complete essa apresentação.
> Ele ....no furacão e na ....
> ...., e as .... Ameaça o mar e o enxuga, ... rios. Basã e o Carmelo tornam-se .... Líbano murcha. Diante ....
> ...., as colinas se derretem; ....
> ...., sim, o mundo com todos os seus habitantes.

> **Belial/Beliar**
> Duas vezes no livro de Naum aparece a palavra Belial (1,11;2,1). O próprio texto ajuda a entender do que se trata: é alguém que medita contra Javé (1,11) e que nunca mais tornará a prejudicar Judá (o Reino do Sul, 2,1). No Novo Testamento (2 Coríntios 6,15), aparece a palavra Beliar, provavelmente significando a mesma coisa que Belial, ou seja, "pessoa má". No caso de Naum, é bem provável que Belial faça referência a Nínive.

2. A ruína de Nínive (2,2-3,19)

A segunda parte apresenta o tema central do livro de Naum: a destruição de Nínive. Compõe-se de várias pequenas unidades: o assalto (2,2-11), sentenças sobre o leão da Assíria (2,12-14); sentença sobre Nínive, tomada como prostituta (3,1-7); Nínive terá a mesma sorte de No-Amon (Tebas, 3,8-11); a inutilidade de preparar a defesa da cidade (3,12-15a); a chegada dos gafanhotos (3,15b-17); lamentação fúnebre (3,18-19).

Encontram-se várias imagens. As duas mais importantes são estas: **1.** Nínive vista como leão que despedaça e estraçalha para alimentar seu covil; **2.** Nínive vista como prostituta que será devastada por seus amantes (os povos que ela dominava).

> **Avaliação**
> Faça uma avaliação do livro de Naum, salientando os aspectos positivos e negativos desse texto.

13
O livro de Habacuc

I. ANTES DE ABRIR O LIVRO

Dificuldades

À semelhança de Naum, também o pequeno livro de Habacuc apresenta várias dificuldades. Em primeiro lugar, seu nome. Diferentemente de muitos outros personagens do Antigo Testamento, seu nome parece não ter significado específico. Se estiver associado a uma língua antiga chamada acádico, poderia significar "árvore frutífera".

Em segundo lugar, não se sabe o lugar de origem desse profeta. Tendo presente a provável data de sua atividade profética, podemos deduzir que era no Reino do Sul, também chamado Judá.

No livro de Daniel (14,33 e seguintes), fala-se de um tal de Habacuc levado pelos ares a fim de socorrer Daniel na cova dos leões. Mas esse episódio não tem nada de histórico.

Em sua conversa com Deus, Habacuc queixa-se de um poder opressor que está esmagando o povo, mas, como nós dissemos, ele não "dá nomes aos bois". Seria um poder opressor interno (um rei de Judá) ou um poder externo (um dos vários impérios que dominaram o povo de Deus)? Não se sabe. Todavia, a maioria dos especialistas é da opinião de que se trata de um poder externo. Mesmo assim, a dificuldade subsiste. De qual império se trata? O assírio? O babilônico? Se se trata do primeiro, então Habacuc não está longe da época de Naum. Mas se fizermos referência ao Império Babilônico (também chamado de caldeus), então Habacuc teria exercido sua atividade profética um pouco antes do final do exílio na Babilônia (o exílio começou em 586 e terminou em 538 antes de Cristo).

II. OLHANDO O LIVRO DE PERTO

O livro de Habacuc tem três capítulos, e podemos dividi--lo em três unidades: **1.** Diálogo entre o profeta e Javé (1,2-2,4); **2.** Ameaças contra o poder opressor (2,5-20); **3.** Oração do profeta em tom de lamentação (capítulo 3).

1. Diálogo entre o profeta e Javé (1,2-2,4)

Habacuc está cansado de gritar "Violência!" sem que Deus escute. Quando Deus se cala e não toma providências contra as injustiças, cresce a impunidade e o número dos perversos aumenta. Habacuc sabe disso e também que se o injusto cerca o justo, o que aparece é o desrespeito pelo direito e a violação da lei. A saída por ele vislumbrada é clamar para que Deus intervenha.

Deus não fica sem resposta e promete fazer surgir os babilônios (caldeus) para pôr ordem na desordem. Habacuc se espanta: iria Deus acabar com a opressão suscitando um opressor ainda pior? Nós dizemos que seria como ordenar ao bode que tome conta da horta, ou como nomear a raposa guardiã do galinheiro!

A resposta de Javé traz a solução: "Escreve a visão, grava-a claramente sobre tábuas, para que possa ser lida com facilidade. Pois se trata de uma visão para um tempo determinado: ela anseia por sua realização e não engana. Se demorar, espera-a, pois com certeza virá sem falhar! Aquele cuja alma não é reta está inflado de orgulho, mas o justo viverá por sua fidelidade" (2,2-4).

Essa última frase faz história e torna-se a base para a tese de Paulo nas cartas aos Gálatas e aos Romanos.

2. Ameaças contra o poder opressor (2,5-20)

A segunda parte contém cinco "ais" contra o opressor. Cada um representa a violação de um dos mandamentos.

> Identifique qual mandamento está sendo transgredido em cada um dos "ais" a seguir :
>
> *1º ai:* "Ai daquele que concentra o que não é seu e se carrega de penhores" (2,6b). .... mandamento.
> *2º ai:* "Ai daquele que ajunta ganhos injustos para sua casa" (2,9a). .... mandamento.
> *3º ai:* "Ai daquele que constrói uma cidade com sangue" (2,12a). .... mandamento.
> *4º ai:* "... por causa do sangue humano, pela violência feita à terra" (2,17b). .... mandamento.
> *5º ai:* "Ai daquele que diz à madeira: 'Acorda!'; à pedra muda: 'Desperta!' " (2,19a). .... mandamento.

Resposta: 7º mandamento; 10º mandamento; 5º mandamento; 1º mandamento; 2º mandamento.

3. Oração do profeta em tom de lamentação (capítulo 3)

A última parte do livro de Habacuc é uma oração em forma de salmo. De fato, a última frase afirma que, originalmente, essa oração pertencia ao repertório do regente de um coral (mestre de canto), informando que devia ser cantada com acompanhamento de instrumentos de corda. A oração começa com uma súplica (3,2) a fim de que Javé mostre sua fama, fazendo reviver a grande libertação da escravidão egípcia. Em seguida (3,3-7), descreve a chegada espetacular de Javé, apresentado como guerreiro vitorioso no combate (3,8-15). A conclusão (3,16-19) é muito serena e confiante:

"Espero tranquilo o dia da angústia que se levantará contra o povo que nos assalta! ... porém, eu me alegrarei em Javé, exultarei no Deus da minha salvação! Javé, meu Senhor, é minha força; ele torna meus pés semelhantes aos pés das gazelas e me faz caminhar nas alturas" (3,16b.18-19).

Profetas

Avaliação

Faça uma avaliação do livro de Habacuc, salientando os aspectos positivos e negativos desse texto. Leia o primeiro capítulo da carta de Paulo aos Romanos.

14
O livro de Ageu

I. ANTES DE ABRIR O LIVRO

1. Um nome a calhar?

Em hebraico, Ageu se diz *Haggai*. *Hag* significa *festa*. O *i* final pode sugerir o nome de Deus, Javé. O nome do profeta, portanto, poderia sugerir algo assim: *o festeiro de Deus* ou *a festa de Deus*. Isso pode ter algum fundamento, pois esse profeta é, provavelmente, o maior incentivador da reconstrução do Templo de Jerusalém, depois que os judeus regressaram do cativeiro na Babilônia.

2. Ageu e seu tempo

O começo do livro fornece indicações exatas acerca da atividade desse profeta: "No segundo ano do reinado de Dario, no primeiro dia do sexto mês, por meio do profeta Ageu, Javé dirigiu a palavra ao governador da Judeia Zorobabel, filho de Salatiel, e ao chefe dos sacerdotes Josué, filho de Josedec".

Essa informação nos leva ao início da atividade profética de Ageu, que corresponde a 27 de agosto de 520 antes de Cristo; sua atividade durou até o dia 18 de dezembro do mesmo ano.

A Judeia estava então sob o domínio do Império Persa. Alguns anos antes (539), Ciro, rei dos persas, derrotou o Império Babilônico, permitindo que os judeus desejosos de regressar à pátria pudessem fazê-lo, reorganizando a vida do ponto de vista religioso. Os persas, inclusive, apoiaram a reconstrução do Templo de Jerusalém.

Nem todos os judeus exilados na Babilônia quiseram regressar à pátria. Os que voltaram, assim que puderam, começaram a reconstruir o Templo, porém em meio a muitas dificuldades (para mais detalhes, veja, no volume 2, os livros de Esdras e Neemias). Ageu situa-se em uma época de crise quanto à tarefa de reconstruir o santuário nacional, sendo, junto com o profeta Zacarias, seu maior incentivador.

3. O profeta e o Judaísmo

Como vimos anteriormente, é na época posterior ao exílio na Babilônia que surge aquilo que conhecemos como Judaísmo. Ele se fundamenta sobre três pilares: o Templo, a Lei e a Raça. O profeta Ageu é de suma importância para o incremento do Judaísmo sobretudo no que se refere ao Templo, cuja construção terminou cinco anos após a atividade desse profeta (ano 515).

Resuma essa breve introdução ao profeta Ageu, associando:

1. "O festeiro de Deus"   ❶ ◯   Império que derrotou os babilônios

2. Ano 539   ❷ ◯   Atividade proibida para os judeus repatriados

3. Ciro   ❸ ◯   Um dos pilares do Judaísmo

4. Zacarias   ❹ ◯   Ano em que terminou a construção do Templo

5. Zorobabel   ❺ ◯   Nome dado à comunidade judaica depois do exílio

6. Josué	⑥	○	Ano do decreto de Ciro, rei dos Persas
7. Ano 538	⑦	○	Nome do chefe dos sacerdotes no tempo de Ageu
8. Judaísmo	⑧	○	Nome do governador da Judeia
9. Ano 515	⑨	○	Profeta contemporâneo de Ageu
10. Templo	⑩	○	Rei persa que venceu os babilônios e libertou os judeus
11. Organização política	⑪	○	Ano da vitória dos persas sobre os babilônios
12. Império Persa	⑫	①	Provável significado do nome Ageu

Resposta: 12; 11; 10; 9; 8; 7; 6; 5; 4; 3; 2; 1.

II. OLHANDO O LIVRO DE PERTO

O livro de Ageu tem apenas dois capítulos que podem ser divididos em quatro breves oráculos: **1.** Capítulo 1. **2.** 2,1-9. **3.** 2,10-19. **4.** 2,20-23.

1. Capítulo 1: Mãos à obra!

O primeiro oráculo revela algo da situação da comunidade judaica no tempo do profeta Ageu: situação econômica difícil, causada provavelmente pelas colheitas ruins. O profeta procura uma razão para essa situação precária, encontrando-a na demora da reconstrução do Templo. As pessoas se preocupam mais com os próprios interesses do que com a reconstrução do Templo, símbolo da unidade nacional.

Profetas

Faça você mesmo. A seguir, você encontrará o texto de Ageu 1,2-11. Mas os versículos estão embaralhados. Tente ordená-los de 1 a 10, reconstruindo o texto em sua ordem original, assim como os judeus reconstruíram seu Templo. Se encontrar dificuldades insuperáveis, use a Bíblia ou "cole" a sequência no fim do texto.

( ) Vocês esperavam muito: era pouco o que vinha, e eu ainda soprava para longe o que vocês estavam recolhendo. Por que isso? – oráculo de Javé dos exércitos. Porque o meu Templo está em ruínas, enquanto cada um de vocês se preocupa com sua própria casa. ( ) Subam à montanha para cortar madeira e construir o Templo. Eu vou gostar dele e nele manifestarei a minha glória – diz Javé. ( ) Vocês estão plantando muito e colhendo pouco; comem e não ficam satisfeitos; bebem e não ficam embriagados; vestem roupa, mas não esquentam o corpo; e o trabalhador está guardando seu salário numa sacola furada. ( ) Eu mandei vir uma seca sobre a terra e os montes, sobre o trigo e o vinho, sobre o azeite e tudo o que a terra produz, sobre homens e animais, sobre todo o produto de suas mãos. ( ) Assim diz Javé dos exércitos: reflitam bem no comportamento de vocês. ( ) E Javé dirigiu a palavra por meio do profeta Ageu: ( ) Assim diz Javé dos exércitos: esse povo anda dizendo que ainda não chegou a hora de reconstruir o Templo de Javé. ( ) É por isso que o céu lhes recusa o orvalho e a terra nega seu fruto. ( ) Ora, assim diz Javé dos exércitos: reflitam bem no comportamento de vocês. ( ) Então vocês acham que é tempo de morar tranquilos em casas bem cobertas, enquanto o Templo está em ruínas?

Resposta: 8, 7, 5, 10, 6, 2, 1, 9, 4, 3.

2. Segundo oráculo (2,1-9): "Não desanimem!"

O segundo oráculo também tem uma data exata: "No segundo ano do reinado de Dario, no vigésimo primeiro dia do sétimo mês", que corresponde a outubro de 520, mais especificamente no último dia da festa das Tendas. O desânimo tomou conta do povo porque algumas pessoas idosas, que tinham presenciado a grandeza e o esplendor do Templo de Salomão, diziam que o segundo Templo – aquele que estava sendo reconstruído – não tinha comparação com o primeiro. Em nome de Deus, o profeta prometeu que "a glória deste segundo Templo seria maior do que o primeiro" (2,9).

3. Terceiro oráculo (2,10-19): "Eu os abençoo!"

O terceiro oráculo acontece "no segundo ano de Dario, no vigésimo quarto dia do nono mês" (2,10), ou seja, dezembro de 520. Esse oráculo foi provocado provavelmente pelo desânimo do povo diante das dificuldades da reconstrução e pela não realização do oráculo anterior. Em nome de Deus, o profeta repetiu o mesmo tema do primeiro oráculo. Chamou a atenção para o dia em que foram lançados os alicerces do Templo. Comparando a situação do povo naquela ocasião e nesta, o profeta constatou: "hoje o povo vive melhor, pois Deus o está abençoando".

4. Quarto oráculo (2,20-23): "Eu escolhi você"

O quarto oráculo é pronunciado "no vigésimo quarto dia do mesmo mês" (2,20), isto é, no dia 18 de dezembro de 520. Ageu certamente está a par das lutas internas na corte da Pérsia, fato que enfraquece o poderio do império. O oráculo é dirigido a Zorobabel, governador da Judeia, prevendo-lhe um futuro glorioso: "Vou fazer de você o meu selo, pois eu o escolhi" (2,23).

> **Avaliação**
> Faça uma avaliação deste breve estudo do profeta Ageu. Fixe bem a importância do Templo no livro deste profeta e na vida do povo daquele tempo.

15
O livro de Zacarias

I. ANTES DE ABRIR O LIVRO

1. Zacarias e seu tempo

O nome Zacarias significa "Javé se lembra". Ele é contemporâneo do profeta Ageu, e sua atividade profética vai um pouco além da atividade de seu companheiro. São citados juntos no livro de Esdras (5,1; 6,14) e são considerados os grandes incentivadores da reconstrução do Templo de Jerusalém (para mais informações, ver o livro de Ageu).

2. Dois em um?

É bem provável que o livro de Zacarias, assim como se encontra hoje, seja a fusão de dois profetas diferentes, que os estudiosos chamam de *Primeiro Zacarias* e *Segundo Zacarias*. O Primeiro Zacarias abrange os capítulos 1-8, e o Segundo Zacarias os capítulos 9-14. As diferenças entre um e outro são consideráveis, e podemos visualizá-las da seguinte maneira:

Zacarias 1-8	Zacarias 9-14
Preocupação com o Templo Importância da atividade humana	Desinteresse pelo Templo Importância da atividade divina

A profecia é importante	A profecia está desaparecendo
Livro baseado em visões	Livro baseado em oráculos
Muitos dados biográficos	Poucos dados biográficos
Estilo profético	Estilo apocalíptico

3. Dois temas importantes

Dois temas preocupam o profeta Zacarias: por um lado, o Templo de Jerusalém e sua restauração; nesse sentido, ele se assemelha a seu conterrâneo Ageu; por outro lado, preocupa-se também com o final dos tempos, e sua linguagem nesse ponto já pertence ao campo da apocalíptica. Ele prega a conversão, insiste para que exista ética entre os relacionamentos humanos e não deixa de denunciar a religião separada da prática da justiça.

Vamos resumir essa pequena introdução ao profeta Zacarias, assinalando verdadeira (V) ou falsa (F) cada uma das seguintes afirmações:

( ) **1.** O nome Zacarias não tem um sentido específico.
( ) **2.** Zacarias é contemporâneo do profeta Ageu.
( ) **3.** Também Zacarias pode ser chamado de "profeta da reconstrução do Templo".
( ) **4.** É bem provável que o livro de Zacarias seja a fusão de dois profetas diferentes.
( ) **5.** As diferenças entre Zacarias 1-8 e Zacarias 9-14 são muito grandes.

Resposta: 1.F; 2.V; 3.V; 4.V; 5.V.

II. OLHANDO O LIVRO DE PERTO

1. Primeiro Zacarias (capítulos 1-8): **visões**

Caracteriza-se por oito visões. *Primeira visão* (1,7-17). *Segunda visão* (2,1-4). *Terceira visão* (2,5-17). *Quarta visão* (3,1-10). *Quinta visão* (4,1-10). *Sexta visão* (5,1-4). *Sétima visão* (5,5-11). *Oitava visão* (6,1-8).

> **Exercício**
> Abra sua Bíblia no início do livro de Zacarias e anote o título de cada visão. Além disso, copie o versículo indicado.
>
> *Primeira visão* 1,7-17: Título: ....
> .... Copie o versículo 14b: ....
> ....
> *Segunda visão* 2,1-4: ....
> Copie o versículo 4b: ....
> ....
> *Terceira visão* 2,5-17: ....
> .... Copie o versículo 9: ....
> ....
> *Quarta visão* 3,1-10: ....
> .... Copie o versículo 7: ....
> ....
> ....
> *Quinta visão* 4,1-10: ....
> .... Copie o versículo 14: ....
> ....
> *Sexta visão* 5,1-4: ....
> .... Copie o versículo 3a: ....
> ....
> *Sétima visão* 5,5-11: ....
> .... Copie o versículo 8: ....
> ....
> *Oitava visão* 6,1-8: ....
> .... Copie o versículo 8: ....
> ....

2. Segundo Zacarias (capítulos 9-14): **oráculos**

O Segundo Zacarias começa com um oráculo contra as nações (9,1-8). Em oposição ao oráculo contra as nações, o profeta se dirigiu a Jerusalém com palavras que se tornaram importantes quando o Novo Testamento as aplicou à entrada triunfal de Jesus em Jerusalém, na condição de rei manso e humilde: "Cidade de Sião, alegra-te! Jerusalém, dá gritos de alegria! Olha o teu rei que vem chegando: justo, vitorioso, humilde, montado em um jumento, cria de jumenta" (9,9).

Outro oráculo importante encontra-se no capítulo 12 e é contra as nações: "Vou fazer de Jerusalém uma taça embriagadora para todos os povos vizinhos" (12,2a); "Naquele dia farei de Jerusalém uma pedra superior para todos os povos: quando as nações do mundo se aliarem todas contra ela, quem tentar levantá-la, com ela se ferirá" (12,3).

> **Avaliação**
> Faça uma avaliação do livro de Zacarias, um dos mais desconhecidos e obscuros de toda a Bíblia. Todavia, não perca a coragem. Lembre-se do significado do nome Zacarias: "Deus se lembra".

16
O livro de Abdias

I. ANTES DE ABRIR O LIVRO

1. O mais curto livro profético

Abdias (nome que significa "Servo de Javé") tem apenas 21 versículos. É o mais breve livro profético. O texto oferece poucas informações a respeito da época em que esse profeta exerceu sua atividade. O fato de ser um texto acusando a crueldade e falta de fraternidade por parte de Edom, por ocasião da queda de Jerusalém nas mãos dos babilônios, permite situá-lo depois do ano 586 antes de Cristo.

2. Edom

De acordo com Gênesis 25-27, Edom, mais conhecido como Esaú, é o filho mais velho do patriarca Isaac, e Jacó é seu irmão gêmeo. Os dois filhos de Isaac constituíram dois povos: Jacó foi o antepassado de Israel, e Esaú esteve na origem dos edomitas. Israel recebeu em herança a Terra Prometida, mais fértil que o território de Edom, situado ao sul de Israel.

Assim como Jacó e Esaú viveram boa parte da vida como adversários, da mesma forma os dois povos quase sempre alimentaram relações de inimizade. Foi assim que o rei Davi conquistou Edom (2 Samuel 8,13 e seguintes); no tempo do rei Salomão, Edom revoltou-se (1 Reis 11,14.25), conseguindo mais tarde a independência, quando Jorão governava o Reino do Sul (2 Reis 8,20-22).

3. Por que surgiu esse livro?

O Salmo 137,7 nos dá uma pista segura: "Javé, recorda aos filhos de Edom o dia de Jerusalém, dia no qual diziam: 'Arrasai-a! Arrasai-a até os alicerces!'"
Quando Nabucodonosor cercou e destruiu Jerusalém (anos 587/586), os edomitas não só ficaram contentes e aplaudiram, como também participaram ativamente na destruição da capital do Reino do Sul. É contra esse fato, considerado violação da fraternidade, que Abdias proferiu suas palavras. De acordo com o profeta, o dia de Edom estava para chegar.

II. OLHANDO O LIVRO DE PERTO

Os 21 versículos de Abdias podem ser divididos em três pequenas unidades: 1-10; 11-14; 15-21. Na primeira unidade, o profeta desmonta a pretensão de Edom de ser um povo imbatível por causa de sua localização montanhosa: "Ai de Esaú, destruído!" (6a). A segunda unidade acusa Edom de participação na queda de Jerusalém: "Naquele dia, tu estavas presente" (11a). O texto insinua que os edomitas meteram a mão nas riquezas de Jerusalém, mataram os fugitivos e venderam como escravos os sobreviventes (13-14). A terceira unidade aborda o tema do dia do Senhor, dia em que as nações receberam aquilo que suas obras mereceram, com a previsão do retorno dos deportados: "Eles subirão vitoriosos ao monte Sião para governar o monte de Esaú, e o reino será do Senhor" (21).

> **Avaliação**
> Faça uma avaliação do breve livro do profeta Abdias.

17
O livro de Malaquias

I. ANTES DE ABRIR O LIVRO

1. O último profeta

Malaquias é o último "profeta escritor" do Antigo Testamento, e, nas traduções em português, seu texto normalmente se encontra imediatamente antes do Evangelho de Mateus. Não temos certeza do nome desse profeta. De fato, o nome Malaquias significa "Mensageiro de Javé", e esse título, que dá nome ao livro, encontra-se em 3,1: "Vede, eu envio um mensageiro para preparar o caminho". Essa frase se tornou famosa por ter sido usada pelos evangelistas que a aplicaram ao Precursor, João Batista.

2. Data desconhecida

Como vários outros profetas, também o livro de Malaquias não oferece indicações para datá-lo. Lendo seu texto, ficamos sabendo que o segundo Templo (ou seja, o Templo reconstruído pelos judeus que regressaram do exílio na Babilônia) está em pleno funcionamento, bem como a organização religiosa do povo. A partir dessas poucas informações, alguns estudiosos o situam entre 480 e 450 antes de Cristo. Outros pensam que seja mais recente.

Profetas

II. OLHANDO O LIVRO DE PERTO

O livro de Malaquias tem três capítulos, podendo ser divididos em cinco partes: **1.** 1,2-5. **2.** 1,6-2,9. **3.** 2,10-16. **4.** 2,17-3,5. **5.** 3,6-24.

> *Faça você mesmo.* Identifique o tema de cada parte, copiando o versículo indicado.
>
> *Primeira parte* (1,2-5): O amor de Deus e a escolha. Copie o versículo 2b e 3: ....
> ....
>
> *Segunda parte* (1,6-2,9): Pecados dos sacerdotes. Copie o versículo 7: ....
> ....
>
> *Terceira parte* (2,10-16): Pecados do povo. Copie o versículo 11: ....
> ....
>
> *Quarta parte* (2,17-3,5): Onde está o Deus justo? Copie o versículo 5: ....
> ....
>
> *Quinta parte* (3,6-24): Dízimos e colheita. Copie o versículo 10a: ....
> ....

Avaliação
Avalie o breve estudo do livro de Malaquias.

Índice

A coleção: "Conheça a Bíblia. Estudo Popular" | 3

Apresentação | 5

1. O LIVRO DE ISAÍAS | 7

I. Antes de abrir o livro | 7
    1. A época de Isaías | 7
    2. Isaías, profeta do palácio? | 8
    3. O mais importante profeta | 9
    4. Três em um | 10

II. Olhando de perto o livro | 11
    1. Isaías 1-39 | 11
    2. Isaías Júnior (capítulos de 40 a 55) | 17
    3. Isaías Neto (capítulos de 56 a 66) | 19

2. O LIVRO DE JEREMIAS | 21

I. Antes de abrir o livro | 21
    1. A época de Jeremias | 21
    2. O profeta | 25

II. Olhando de perto o livro | 29
    1. Oráculos contra Judá e sua capital, Jerusalém, no tempo do rei Josias (1,4-6,30) | 30
    2. Oráculos contra Judá e sua capital, Jerusalém, no tempo do rei Joaquim (7,1-20,18) | 32

3. Oráculos contra Judá e sua capital, Jerusalém,
      no tempo do rei Sedecias 21,1-24,10 | 33
   4. Capítulo 25,1-13a: Babilônia, instrumento de Javé | 34
   5. Contra as nações (25,13b-38; 46,1-51,64) | 35
   6. Profecias de felicidade (26,1-35,19) | 35
   7. O profeta sofre (36,1-45,3) | 36
   8. Apêndice (capítulo 52) | 36

3. O LIVRO DE EZEQUIEL | 37

I. Antes de abrir o livro | 37
   1. Quem foi Ezequiel | 37
   2. Como está organizado o livro? | 38
   3. Profeta em palavras e gestos | 38
   4. Linguagem forte e explícita | 40
   5. Primeiros ensaios de linguagem apocalíptica | 41
   6. O profeta atalaia | 41
   7. Temas importantes | 42

II. Olhando de perto o livro | 45
   1. Antes da queda de Jerusalém (capítulos 1-24) | 45
   2. Oráculos contra as nações (capítulos 25-32) | 48
   3. Promessas depois da queda de
      Jerusalém (capítulos 33-39) | 49
   4. Descrição da futura reconstrução do Templo
      de Jerusalém e do país (capítulos 40-48) | 50

4. O LIVRO DE DANIEL | 53

I. Antes de abrir o livro | 53
   1. Um livro escrito em três línguas | 53
   2. A época do livro de Daniel | 53
   3. O "pai" do movimento apocalíptico | 54
   4. Os apocalípticos e os imperialismos | 55
   5. Os apocalípticos e os profetas | 56
   6. Os apocalípticos não eram alienados | 56
   7. Os apocalípticos e o Reino de Deus | 57
   8. Alguns truques dos apocalípticos | 57

II. Olhando o livro de perto | 60
  1. Os jovens hebreus na corte de Nabucodonosor (capítulo 1) | 60
  2. O sonho de Nabucodonosor (capítulo 2) | 61
  3. Adoração da estátua de ouro (capítulo 3) | 62
  4. Sonho e loucura de Nabucodonosor (capítulo 4) | 63
  5. O banquete de Baltazar (capítulo 5) | 64
  6. Daniel na cova dos leões (capítulo 6) | 64
  7. Sonho de Daniel (capítulo 7) | 65
  8. Visão de Daniel (capítulo 8) | 66
  9. As setenta semanas (capítulo 9) | 67
  10. A grande visão: a cólera e o fim (capítulos de 10 a 12) | 68
  11. Acréscimos em grego (capítulos 13 e 14) | 69

5. O LIVRO DAS LAMENTAÇÕES | 71

I. Antes de abrir o livro | 71
  1. Títulos | 71
  2. Localização | 71
  3. Autor | 72
  4. Data | 72
  5. Um livro profético? | 73
  6. Um texto alfabético | 74
  7. O livro na piedade popular | 74

II. Olhando o livro de perto | 75
  1. Primeira lamentação (capítulo 1) | 75
  2. Segunda lamentação (capítulo 2) | 75
  3. Terceira lamentação (capítulo 3) | 77
  4. Quarta lamentação (capítulo 4) | 77
  5. Quinta lamentação (capítulo 5) | 77

6. O LIVRO DE AMÓS | 79

I. O vaqueiro que virou profeta – Conhecendo a vida do profeta Amós | 79

II. Olhando de perto o livro | 86
    1. As nações diante do tribunal de Javé: quem é o pior? (1,3-2,16) | 86
    2. As provas da culpa de Israel (3,9-6,14) | 88
    3. Cinco visões (7,1-9; 8,1-9,10) | 89
    4. A esperança é a última que morre (9,11-15) | 90

7. O LIVRO DE BARUC | 91

I. Antes de abrir o livro | 91
    1. Um livro deuterocanônico | 91
    2. Localização | 91
    3. Quem é seu autor? | 92
    4. Época e motivos do livro de Baruc | 92
    5. Um livro profético? | 92
    6. Como está organizado | 93

II. Olhando o livro de perto | 93
    1. Introdução (1,1-14) | 93
    2. Oração (1,15-3,8) | 94
    3. Poema sapiencial (3,9-4,4) | 95
    4. Texto profético (4,5-5,9) | 96
    5. Carta de Jeremias (capítulo 6) | 96

8. O LIVRO DE OSEIAS | 99

I. Uma visita à família de Oseias | 99

II. Olhando a sociedade do tempo de Oseias | 103
    1. Do ponto de vista político | 103
    2. Do ponto de vista religioso | 105
    3. Do ponto de vista econômico | 106
    4. Quem são os responsáveis por tudo isso? | 107

III. O livro de Oseias e o rosto de Deus | 108
    1. O livro de Oseias | 108
    2. O rosto de Deus | 108

9. O LIVRO DE JOEL | 111

I. Antes de abrir o livro | 111
1. Poucas informações | 111
2. Localização | 112
3. Joel e o Pentecostes | 112
4. Joel e a liturgia cristã | 112

II. Olhando o livro de perto | 114
1. A praga de gafanhotos (1,2-2,27) | 114
2. Os novos tempos e o dia de Javé (capítulos 3 e 4) | 115

10. O LIVRO DE SOFONIAS | 117

I. Antes de abrir o livro | 117
1. Sofonias e seu tempo | 117

II. Olhando o livro de perto | 118
1. O dia de Javé (1,2-2,3) | 118
2. Contra as nações (2,4-15) | 119
3. Contra Jerusalém (3,1-8) | 119
4. Promessas (3,9-20) | 120

11. O LIVRO DE MIQUEIAS | 121

I. Antes de abrir o livro | 121
1. Quem foi Miqueias | 121
2. A época de Miqueias | 122
3. Ser profeta: que dureza! | 122

II. Abrindo o livro | 125
1. Israel no tribunal (1,2-3,12) | 126
2. Promessas (capítulos 4 e 5) | 128
3. Israel no tribunal (6,1-7,7) | 129
4. Esperanças (7,8-20) | 130

12. O LIVRO DE NAUM | 131

I. Antes de abrir o livro | 131
    1. Endereço desconhecido | 131
    2. Calendário duvidoso | 131
    3. Nínive | 132
    4. O poeta entre os profetas | 132

II. Olhando o livro de perto | 133
    1. Primeira parte (1,2-2,1) | 133
    2. A ruína de Nínive (2,2-3,19) | 134

13. O LIVRO DE HABACUC | 135

I. Antes de abrir o livro | 135
    Dificuldades | 135

II. Olhando o livro de perto | 136
    1. Diálogo entre o profeta e Javé (1,2-2,4) | 136
    2. Ameaças contra o poder opressor (2,5-20) | 137
    3. Oração do profeta em tom de lamentação (capítulo 3) | 137

14. O LIVRO DE AGEU | 139

I. Antes de abrir o livro | 139
    1. Um nome a calhar? | 139
    2. Ageu e seu tempo | 139
    3. O profeta e o Judaísmo | 140

II. Olhando o livro de perto | 141
    1. Capítulo 1: Mãos à obra! | 141
    2. Segundo oráculo (2,1-9): "Não desanimem!" | 142
    3. Terceiro oráculo (2,10-19): "Eu os abençoo!" | 143
    4. Quarto oráculo (2,20-23): "Eu escolhi você" | 143

15. O LIVRO DE ZACARIAS | 145

I. Antes de abrir o livro | 145
   1. Zacarias e seu tempo | 145
   2. Dois em um? | 145
   3. Dois temas importantes | 146

II. Olhando o livro de perto | 146
   1. Primeiro Zacarias (capítulos 1-8): visões | 146
   2. Segundo Zacarias (capítulos 9-14): oráculos | 147

16. O LIVRO DE ABDIAS | 149

I. Antes de abrir o livro | 149
   1. O mais curto livro profético | 149
   2. Edom | 149
   3. Por que surgiu esse livro? | 150

II. Olhando o livro de perto | 150

17. O LIVRO DE MALAQUIAS | 151

I. Antes de abrir o livro | 151
   1. O último profeta | 151
   2. Data desconhecida | 151

II. Olhando o livro de perto | 152

MAPAS

   Reino de Judá no tempo do profeta Jeremias | 22
   Reino de Israel e Reino de Judá no
   tempo do profeta Amós | 81
   Reino de Israel no tempo do profeta Oseias | 104
   Reino de Israel e Reino de Judá no
   tempo do profeta Miqueias | 123

Este livro foi composto com as famílias tipográficas Cantonia, Minion Pro e Segoe e impresso em papel Offset 75g/m² pela **Gráfica Santuário.**